Das Manufactum Gartenjahr

KATHARINA HEBERER

ulmer

Vorwort

Als langjähriger Partner von Manufactum, leidenschaftlicher Staudengärtner und überzeugter Vertreter nachhaltigen, ökologischen Denkens (und Gärtnerns) komme ich gern der Bitte meiner geschätzten und langjährigen Verbündeten Katharina Heberer im Hause Manufactum nach, diesem gelungenen Garten-Ratgeber, dessen Initiatorin und Autorin sie ist, ein Vorwort vorauszuschicken.

Warum gelungen? Das ist schnell erklärt: Es ist heutzutage selten geworden, dass sich Unternehmen um ein Sortiment hochwertiger, verlässlicher und dauerhafter Qualitätsprodukte bemühen. Dass man es sich aber über dieses Selbstverständnis hinaus zur Aufgabe macht, Kunden seriöse, fundierte und sorgfältig zusammengestellte Informationen an die Hand zu geben, geschieht noch seltener. So etwas freut mich persönlich immer sehr, denn auch ich werde im eigenen Unternehmen zusammen mit meinem großen, engagierten Team begeisterter Gärtnerinnen und Gärtner nicht müde, ein solches Denken und Handeln in Zusammenhängen zu praktizieren, besser sollte man sagen: zu leben. Und ist es nicht wichtiger denn je, der Schnelllebigkeit einer Ex-und-Hopp-Gesellschaft etwas entgegenzusetzen?

Dazu leistet auch dieser Begleiter durchs Gartenjahr Wichtiges: Er ist ein ausführlicher, gut strukturierter Ratgeber, ein Lern- und Leitfaden, der es sogar Einsteigern ins „grüne Geschehen" leicht macht, Schritt für Schritt den Weg zu eigenen gärtnerischen Erfolgen zu finden. Aber auch für die „alten Hasen" unter den Gartenliebhabern halten die Beiträge rund ums Jahr viele sinnvolle und hilfreiche Informationen und wertvolles, vor allem auch verwertbares Wissen bereit. Die Beiträge sind fachlich solide, dabei verständlich aufbereitet und bieten so praktische Unterstützung bei allen anstehenden Arbeiten und Planungen im Garten.

Viel Freude mit diesem guten Gefährten wünscht Ihnen
Ihr Staudengärtner Dieter Gaißmayer

Mein Frühling

Das Gartenjahr startet mit der Vorbereitung der Beete, in die schon bald das erste Gemüse gesät werden kann. Es ist Zeit für die Pflanzung von Rosen, Stauden und Gehölzen, ebenso wie für die Kartoffeln. Auf dem Balkon zieht das Frühjahr mit einer bunten Bepflanzung ein, und auch dort wachsen in Kästen und Töpfen die ersten Kräuter.

Mein Sommer

Jetzt reifen die Beeren, Blumenbeete und Staudenrabatten laufen zu Hochform auf, und im Gemüsegarten wächst es kräftig. Jäten, gießen, hacken und pflücken sind in diesen Monaten teilweise täglich anfallende Arbeiten – versüßen lassen sie sich mit frischen Himbeeren direkt vom Strauch und den schönsten Sommersträußen für die Vase.

Mein Herbst

Der Herbst ist traditionell die Zeit, um Rosen oder Obstbäume zu pflanzen. Jetzt ist der Boden noch sommerwarm und die Pflanzen wurzeln schnell ein. Es wird geerntet und die Früchte für den Wintervorrat eingelagert, Blumenzwiebeln kommen in den Boden, und die Beete werden winterfest gemacht.

Mein Winter

Nachdem die letzten Aufräumarbeiten erfolgt sind, steht schon die Vorbereitung der neuen Saison an. Sie können jetzt Vogelnistkästen aufhängen, ein Hochbeet bauen, den Anbauplan für das Gemüsebeet aufstellen und Saatgut besorgen – denn im Februar werden auf der Fensterbank bereits wieder die ersten Tomaten vorgezogen.

Mein Frühling

Das Gartenjahr startet mit der Vorbereitung der Beete, in die schon bald das erste Gemüse gesät werden kann. Es ist Zeit für die Pflanzung von Rosen, Stauden und Gehölzen, ebenso wie für die Kartoffeln. Auf dem Balkon zieht das Frühjahr mit einer bunten Bepflanzung ein, und auch dort wachsen in Kästen und Töpfen die ersten Kräuter.

Im Märzen der Gärtner …

Bodenvorbereitung zum Start der Gartensaison

Jetzt ist es Zeit, den Boden für die kommende Saison vorzubereiten. Über den Winter hat er sich gesetzt, und durch Frosteinwirkung sind gröbere Schollen zu feinkrümeliger Erde zerfallen. Nach dem Ausbringen der Frühjahrsdüngung werden Beete und Wege angelegt.

Durchziehen und düngen, das reicht

- Vorausgesetzt der Boden ist frostfrei und nicht zu nass, kann er nun für die bald folgenden ersten Freilandaussaaten vorbereitet werden. Durch die Frosteinwirkung des Winters hat er eine gute Struktur (die sogenannte Frostgare) und **sollte jetzt keinesfalls tief gelockert oder gar umgegraben werden**. Ziehen Sie die Beete einfach nur mit Kultivator oder Sauzahn gründlich durch und klauben größere Steine sowie Unkraut- oder Erntereste heraus.
- **Arbeiten Sie nach Bedarf Düngemittel oder Bodenhilfsstoffe ein**. Wie viel Dünger genau nötig ist, sollte etwa alle drei Jahre durch eine Bodenanalyse festgestellt werden. So wird verhindert, dass sich Nährstoffe im Überschuss anreichern oder im Mangel vorliegen. Beides ist von Nachteil: Zu viel Dünger macht die Pflanzen anfällig und „weich“ und gefährdet das Grundwasser, ein Nährstoffmangel führt zu Blattschäden (Chlorosen) und Wachstumsstockungen.
- Eine übliche **Frühjahrsdüngung** besteht aus reifem Kompost, abgelagertem Mist oder Hornspänen; den Spurenelementhaushalt des Bodens kann eine Gabe Gesteinsmehl aufbessern. Arbeiten Sie das Material einige Zentimeter in den Boden ein.

Verbesserungsbedarf: zu leichte oder zu schwere Böden?

- **Leichte und sandige Böden** sind wegen ihrer geringen Speicherfähigkeit für Wasser und Nährstoffe problematisch, weil sie tendenziell zu trocken und eher nährstoffarm sind. Regen- und Gießwasser kann nicht gehalten werden und Dünger, der nicht sofort von den Pflanzen aufgenommen wird, gelangt ungenutzt ins Grundwasser. Hier können Sie durch das Einarbeiten von Bentonit Abhilfe schaffen. Dieser Bodenhilfsstoff **fördert die Bildung der wichtigen Ton-Humus-Komplexe**, welche Wasser und Nährstoffe an sich binden und bei Bedarf wieder abgeben können. Bentonit verbessert zudem die Bodenstruktur und führt zu einer Erhöhung des Dauerhumusgehalts.
- **Schwere, zu Verdichtung und Vernässung neigende Lehm- oder Tonböden** können durch eine zusätzliche Gabe reifen Komposts verbessert werden. Das organische Material fördert den Zusammenschluss der Tonpartikel zu Krümeln, zwischen denen sich die wichtigen Hohlräume bilden: Der Luftgehalt des Bodens steigt, Regenwasser kann besser abfließen und die Pflanzen durchwurzeln den Boden leichter. Wenn Sie zusätzlich Sand untermischen, wird die undurchlässige Tonschicht gelockert und der Wasserhaushalt des Bodens nachhaltig verbessert.
- Ist der **pH-Wert des Bodens zu niedrig** – darüber gibt eine Bodenanalyse oder ein im Handel erhältlicher Schnelltest Auskunft – muss gekalkt werden. Bis 14 Tage vor der Aussaat kann Branntkalk verwendet werden; Meeresalgenkalk können Sie jederzeit ausbringen. Verteilen Sie den Kalk, wenn Niederschläge angekündigt sind. Es genügt dann, ihn einfach oberflächlich aufzustreuen, da er anschließend mit Regen oder Schnee in den Boden eingewaschen wird. Ein zusätzliches Einarbeiten ist somit nicht mehr notwendig.

MANUFACTUM-TIPP

Als Vorbereitung für die im April beginnende Kartoffelpflanzung empfiehlt es sich, schon Anfang März Stallmist oder Kompost auf der Fläche aufzubringen. Der Dünger kann sich schon etwas ablagern und im Boden verteilen und ist später für die Setzkartoffeln nicht zu „scharf". Bringen Sie den verrotteten Stallmist oder reifen Kompost gleichmäßig auf der gelockerten Fläche aus und arbeiten Sie das Material leicht ein.

Beete abstecken und Wege anlegen

- Nach der Vorbereitung des Bodens können Sie die Fläche nun in Beete und Wege von sinnvoller Größe und Breite einteilen. Es sollte kein Platz verschenkt werden, aber auch überall bequem herangereicht werden können. In den meisten Fällen liegt **die optimale Beetbreite bei 1,20 m**. Die Beetmitte ist dann noch gut zu erreichen, und es passen entweder vier Reihen mit 30 cm Abstand oder – bei größer werdenden und eventuell überhängenden Gemüsepflanzen – drei Reihen mit 40 cm Abstand darauf.
- Die passende Breite für die Wege zwischen den Beetflächen beträgt 30 cm. Wären sie schmaler, wird es schnell zu eng, denn die Gemüsepflanzen lehnen sich von beiden Seiten auf bzw. in den Weg.

Die Beete sollten nur so breit sein, dass man von beiden Seiten bequem in die Mitte reichen kann.

Sind die Wege deutlich breiter, wird dagegen zu viel Beetfläche verschenkt. Generell ist es so, dass einfache Trampelpfade weniger Platz verbrauchen als befestigte oder mit Holzhäcksel oder Rindenmulch bedeckte Wege. Diese haben aber den großen Vorteil, sehr viel sicherer begehbar zu sein – vor allem **lehmiger Boden wird bei Nässe nämlich sehr rutschig**. Egal ob „richtiger" Weg oder Trampelpfad: Er sollte nicht nennenswert tiefer liegen als die Beete. Insbesondere auf Sandboden wirken solche Streifen sonst oft wie Drainagegräben, die das Wasser abführen und die Beete schneller austrocknen lassen.

Gründüngungspflanzen keimen relativ rasch und überziehen den Boden schnell mit einer schützenden Decke.

Bodenverbesserung mit Pflanzenhilfe

- Im März und April empfiehlt sich auch eine sogenannte Gründüngung als optimale Vorkultur für solche Beete, in die erst nach den Eisheiligen (Mitte Mai) die frostempfindlichen Blumen oder Gemüsepflanzen einziehen. **Eine Gründüngung verbessert die Bodenstruktur**, **fördert das Bodenleben** und damit auch das Wachstum der anschließend dort angebauten (Nutz-)Pflanzen (Seite 113).
- Ziehen Sie die Fläche für die Aussaat gründlich durch, sammeln dabei größere Steine ab und entfernen eventuell vorhandene Unkräuter. Anschließend wird der Boden mit einem Rechen glatt gezogen und der Samen breitwürfig ausgebracht. **Schützen Sie die auflaufende Saat gegebenenfalls vor Vogelfraß**, in dem Sie ein Vlies oder Netz auflegen. Ist das Frühjahr sehr trocken, muss auch gegossen werden.
- Wurde schon vor dem Winter eine nicht winterharte Gründüngung (etwa *Phacelia*) ausgebracht, können die Pflanzenrückstände jetzt entweder noch als Mulchschicht auf der Bodenoberfläche verbleiben, oder **sie werden flach eingearbeitet**, damit sie sich komplett zersetzen und die noch enthaltenen Nährstoffe freisetzen.

Wie war das noch mal?!

1. Den Boden für die Gemüsebeete lockern und durchziehen; größere Steine und Unkraut entfernen.
2. Bedarfsgerecht düngen, dazu am besten einen guten organischen Dünger verwenden.
3. Zu leichte und zu schwere Böden mit geeigneten Maßnahmen verbessern.
4. Die Fläche in Beete und Wege einteilen.
5. Auf Beeten, die noch bis Mai freibleiben, Gründüngung einsäen.

Die Pflanzzeit beginnt

Wie man den neuen Pflanzen zu einem optimalen Start verhilft

Neben dem Herbst ist das Frühjahr die Zeit, um langlebige Pflanzen wie Bäume, Sträucher, Rosen, Waldreben oder Stauden zu setzen: also vor dem beginnenden Austrieb. Das bewahrt die Pflanzen vor Trockenstress und hilft ihnen dabei, sich optimal zu entwickeln.

Eine gute Grundlage schaffen

- Bei größeren Pflanzen und damit verbundenen stärkeren Bodenbewegungen empfiehlt es sich, **schon ein bis zwei Wochen vor dem geplanten Pflanztermin den Boden vorzubereiten**. Dies umfasst eine gründliche Lockerung sowie verschiedene Bodenverbesserungsmaßnahmen – jeweils abhängig von der Pflanze sowie des vorhandenen Bodens. Dieser zeitliche Versatz bietet den Vorteil, dass sich die Erde bis zur Pflanzung wieder setzen kann und so **ein späteres Einsinken der Pflanze vermieden wird**. Zudem haben sich die eventuell eingebachten Stoffe zur Bodenverbesserung bis dahin gleichmäßig verteilt.
- Einen Boden an eine Pflanze anzupassen, ist natürlich nur bis zu einem gewissen Grad möglich: Saure Böden können gekalkt, Sandböden mit Humus oder Bentonit verbessert oder sehr tonige Böden tief gelockert und mit Kompost oder grobem Sand gemischt werden. Besser ist es aber, umgekehrt vorzugehen und **die Pflanzenauswahl auf die örtlichen Gegebenheiten abzustimmen**. Die Wahrscheinlichkeit, dass die Pflanze Ihnen die Freude bereitet, die Sie erwarten, ist dann deutlich höher und der Aufwand für die Pflanzung und spätere Pflege sehr viel geringer.

Den Wasserverlust für die Pflanzen minimieren

- Die Pflanzung sollte während einer frostfreien Wetterlage bei nicht gefrorenem Boden erfolgen, idealerweise **an einem bedeckten, windstillen Tag** mit der Aussicht auf eine eher regnerische Wetterperiode. Die Pflanzen verlieren dann kaum Wasser durch Verdunstung und sind keinem übermäßigen Trockenstress ausgesetzt.
- Haben Sie wurzelnackte Ware gekauft (also Pflanzen ohne Erdballen) oder stehen die Pflanzen in offensichtlich zu kleinen Töpfen, **setzen Sie sie möglichst bald nach dem Kauf.** Wenn Sie bestellt haben, und es wird in einer für die Pflanzung ungünstigen Zeit geliefert, **schlagen Sie die wurzelnackten Pflanzen an einer schattigen, kühlen Stelle im Garten ein.** „Einschlagen" bedeutet, dass die Pflanzen zunächst provisorisch in eine flache Grube gesetzt werden und dient dazu, die Wurzeln mit Erde zu bedecken und so vor Austrocknung zu schützen. Pflanzen, die in Töpfen geliefert werden, sollten ebenfalls kühl und schattig aufgestellt werden. Kontrollieren Sie regelmäßig, ob die Erde im Topf noch feucht genug ist.
- Stellen Sie die (wurzelnackten) Pflanzen einen Tag oder einige Stunden vor der Pflanzung in Wasser, **damit sich die Wurzeln vollsaugen können**. Pflanzen im Topf werden bis knapp über den Topfrand untergetaucht, damit sich der Ballen vollsaugen kann. Erkennbar ist das an dem Aufsteigen von Luftbläschen.

Den guten Mutterboden wieder zuoberst einfüllen

- Heben Sie das Pflanzloch ausreichend groß aus, also größer als das vorhandene Wurzelwerk. Wichtig ist, dass die neu gebildeten Wurzeln in lockere Erde einwachsen können. Bei Pflanzungen nahe Hauswänden (wenn etwa Kletterrosen an ein Wandspalier oder Waldreben an ein Regenfallrohr gesetzt werden sollen), ist zu beachten, dass der Boden dort nicht nur stark verdichtet, sondern oft auch mit Bauschutt belastet ist. **Es empfiehlt sich, die obere „gute" Schicht des Bodenaushubs zur Seite zu legen** und etwa zur Hälfte mit abgelagertem Kompost und guter Pflanzerde zu vermischen, sodass Sie den unteren Aushub möglichst gar nicht mehr verwenden müssen. Legen Sie generell beim Ausheben tieferer Pflanzlöcher die obere Mutterbodenschicht zur Seite und füllen diese auch später wieder zuoberst ein.
- Geben Sie direkt bei der Pflanzung keinesfalls schnelllöslichen Dünger oder frischen Stallmist zu, da dies eine zügige (Faser-)Wurzelentwicklung hemmen würde. Gut verrotteter Kompost, Stein-

MANUFACTUM-TIPP

Achten Sie beim Kauf darauf, schon pflanzfertig geschnittene Ware zu bekommen; in guten Gärtnereien gehört dies zum Service. Wenn Sie den Pflanzschnitt selbst vornehmen, empfiehlt sich ein Kürzen der Triebe um etwa ein Drittel – schneiden Sie dabei immer knapp über einer Knospe. Entfernen Sie zusätzlich beschädigte Pflanzenteile (Wurzeln, Äste) komplett und kürzen Sie lange Wurzeln etwas.

Wenn wurzelnackte Gehölze nicht sofort gepflanzt werden können, überdauern sie die „Wartezeit" optimal im Einschlag.

oder Algenmehl sind aber „erlaubt“ und vor allem bei schlechterem Boden hilfreich.

- **Bäume und Sträucher sollten vor der Pflanzung zurückgeschnitten werden (Pflanzschnitt).** Diese Maßnahme fördert das Anwachsen, da der Wasserverbrauch durch eine Reduzierung des oberirdischen Pflanzenteils möglichst gering gehalten wird. Dies wirkt sich positiv auf die Wurzelbildung aus.

Damit sich nach der Pflanzung die gelockerte Erde wieder setzt, ist ein durchdringendes Angießen nötig.

Keine Hohlräume im Pflanzloch zulassen

- Setzen Sie die Pflanze in das Pflanzloch und füllen die Erde mit dem Spaten oder mit dem Fuß schiebend ein. Ein zwischenzeitliches Rütteln hilft dabei, dass sich im Wurzelbereich keine Hohlräume bilden. **Treten Sie die Erde mit dem Fuß behutsam an** bzw. drücken Sie die Pflanzen mit Wurzelballen beidhändig fest in den Boden.
- Die richtige Pflanztiefe ist abhängig von der jeweiligen Pflanze. Bei Rosen sollte sich die Veredelungsstelle etwa 5 cm unterhalb der Bodenoberfläche befinden; bei Waldreben empfiehlt es sich, dass der Wurzelansatz etwa 10 cm tief liegt. So befinden sich ein bis zwei Knospenpaare in der Erde und können als „Reserve“ dienen, falls die Waldrebe einmal oberirdisch beschädigt wird. Generell gilt: Pflanzen Sie Gehölze immer so tief, wie sie in der Baumschule standen – erkennbar ist dies an der Rindenfärbung.
- **Gießen Sie nach der Pflanzung, unabhängig von der Wetterlage, gründlich an.** Dieses Wässern dient nämlich vor allem dazu, noch eventuell vorhandene Hohlräume im Pflanzloch zu schließen und somit die Wurzeln komplett mit Erde zu umgeben. Sackt die Pflanze dabei etwas ein, ziehen Sie sie wieder hoch. Gießen Sie vorsichtig und halten Sie die Kanne direkt über dem Boden, damit die Erde nicht verschwemmt wird.
- Damit sich Regen- und Gießwasser – vor allem in abschüssigem Gelände – besser im Wurzelbereich von Gehölzen sammeln und dort versickern kann, bilden Sie **einen kleinen Wall aus Erde rund um die Pflanze (Gießrand).**

Wie war das noch mal?!

1. Vor der Pflanzung den Boden gründlich lockern und gegebenenfalls verbessern.
2. Am besten bei windstiller und bedeckter Wetterlage pflanzen, um Wasserverlust zu vermeiden.
3. Die Pflanzen für einige Stunden in Wasser stellen, damit sie sich vor der Pflanzung vollsaugen können.
4. Das Pflanzloch so groß ausheben, dass die neuen Wurzeln in lockere Erde einwachsen können.
5. Keinen Dünger zugeben und die obere Mutterbodenschicht wieder zuoberst einfüllen.
6. Das Pflanzloch schließen und keine Hohlräume belassen; durchdringend angießen.

Wenn die Forsythien blühen …

Rosenschnitt leicht gemacht

Die Meinungen zum richtigen Rosenschnitt sind ebenso vielfältig wie – oftmals – heiß umstritten. Bezüglich des richtigen Zeitpunkts gibt es aber eine einfache, ganz objektive Regel: Rosen werden geschnitten, wenn die Forsythien blühen.

Die Forsythienblüte zeigt im Frühjahr den optimalen Zeitpunkt für den Rosenschnitt an.

Die Phänologie hilft bei der Terminfindung

- Zum Zeitpunkt der Forsythienblüte beginnen Rosen nämlich verstärkt mit dem Austrieb, und gleichzeitig sind in der Regel keine starken Fröste mehr zu befürchten. Der Termin stammt aus dem **Phänologischen Gartenkalender**, der das Jahr nicht in vier, sondern in zehn Jahreszeiten einteilt (Vorfrühling, Erstfrühling, Vollfrühling usw. bis zum Winter) und deren Beginn und Ende durch das Eintreten bestimmter Naturphänomene (Blütenbeginn, Blattentfaltung oder Fruchtreife verschiedener Zeigerpflanzen) markiert werden und nicht an ein bestimmtes Datum gekoppelt sind.
- Der Kalender ist also an alle Regionen und Klimazonen angepasst, da er **ausschließlich vom jeweils vorherrschenden Mikroklima abhängig** ist, welches wiederum die Ausprägung bzw. das Eintreten der genannten Naturphänomene beeinflusst. Die Beobachtung der entsprechenden Zeigerpflanzen gibt also Aufschluss darüber, wie „weit“ die Natur gerade ist und welche Gartenarbeiten daher aktuell angezeigt und sinnvoll sind.

Allgemeine Regeln für den Rosenschnitt

- Wie bei fast allen Pflanzen gilt auch für Rosen, dass sie **umso kräftiger austreiben, je stärker zurückgeschnitten wird.** Arbeiten Sie immer mit einer scharfen Schere, um Quetschungen zu vermeiden und schneiden Sie etwa 5 mm über einem gut entwickelten, möglichst nach außen zeigenden Auge (Knospe). Dies führt zu einem guten Pflanzenaufbau und fördert den äußeren Blütenflor.
- Zusätzlich zu den im nächsten Abschnitt aufgeführten Schnittempfehlungen gilt für alle Rosen: Entfernen Sie im Frühjahr generell die zu alten, die Wuchsform störenden und wilden Triebe sowie das tote Holz.
- Im Frühjahr frisch gepflanzte Rosen müssen nach dem Anhäufeln (Anhäufeln im Frühjahr? Ja, tatsächlich!) auf etwa 15 cm zurückgeschnitten werden. **Das vermindert, ebenso wie das Anhäufeln selbst, den Wasserverlust durch Verdunstung**, schützt also die Pflanze vor Trockenschäden und fördert die Wurzelbildung.

MANUFACTUM-TIPP

Ein stetiges Entfernen der verblühten Blumen fördert bei vielen Rosen eine Nachblüte, teilweise bis in den späten Herbst. Gleichzeitig verhindert dies aber auch die Bildung von Hagebutten, die den Garten im Herbst und Winter schmücken und verschiedenen Tieren als Nahrung dienen. Pflanzen Sie daher am besten auch ausgesprochene „Hagebuttenrosen“, die ohnehin nur einmal im Jahr blühen und dann ihre Früchte bilden.

Spezielleres für verschiedene Wuchsformen

- Nehmen Sie die niedrigen **Beetrosen** auf drei bis vier Augen zurück (das entspricht etwa 10–15 cm) und kürzen **Strauchrosen** etwa um ein Drittel. Durch das zusätzliche Schneiden der öfter blühenden **(remontierenden) Strauchrosen** nach der Hauptblüte im Sommer und das stetige Entfernen der verwelkten Blüten (mitsamt der drei bis vier darunter stehenden Blätter) fördern Sie die Bildung neuer Blüten.
- **Kletterrosen** sollten frühestens ab dem zweiten Standjahr geschnitten werden, wenn die Pflanzen etwa 2 m hoch sind. Dieser Schnitt dient vor allem dazu, die Triebe nicht (zu) steil aufrecht und zu lang werden zu lassen. **Die Rose würde sonst im unteren Teil vergreisen** und nur im oberen Bereich blühen – wo man die Blüten aber kaum sehen, noch ihren Duft genießen könnte. Kürzen Sie daher zu lange Triebe ein und entfernen Sie regelmäßig die ältesten komplett, um einen neuen Austrieb von unten zu fördern. Binden Sie zusätzlich die Triebe möglichst waagerecht ans Spalier. Dies bremst ihr Wachstum, führt zu einer verstärkten Entstehung von Seitentrieben und damit zu einer Blütenbildung, die über die gesamte Pflanze verteilt ist.
- Stark wachsende **Ramblerrosen** benötigen im Frühjahr keinen regelmäßigen Schnitt. Störende oder zu lange Triebe können besser im Sommer nach der Blüte herausgeschnitten oder eingebunden werden. Schwächer wachsende Ramblerrosen, die zum Beispiel an Rosenbögen stehen, müssen regelmäßig ausgedünnt

Bei Rosen sollte die Schere etwa 5 mm über einer gut entwickelten Knospe angesetzt werden.

werden, damit das Gewicht der Pflanze nicht zu groß wird. Entfernen Sie zu diesem Zweck jährlich die drei- und mehrjährigen Triebe und kürzen Sie zu lange Triebe so ein, dass die Pflanze die gewünschte Form behält.

- Bei **Bodendeckerrosen** reicht es aus, abgestorbene Triebe oder die alten Blütenstände zu entfernen. Bei Bedarf können Sie die Rosen mit einer Heckenschere in Form bzw. auf die richtige Höhe schneiden – das empfiehlt sich insbesondere bei größeren Flächen.

Damit Kletterrosen üppig blühen, müssen regelmäßig die ältesten Triebe komplett entfernt werden.

Zusätzliche Pflege

- Jetzt ist ein guter Zeitpunkt, um den Boden rund um die Rose zu lockern. Dies sorgt für einen Luftaustausch nach der Winterperiode, stört das Aufkommen von Unkräutern und unterbricht die Bodenkapillaren, was die Austrocknung des Bodens durch Verdunstung verringert. **Eine Rosengabel ist besonders gut geeignet,** da sie mit zwei langen Zinken tief, aber schonend in das Erdreich eindringt. Durch leichtes Hin- und Herbewegen wird der Boden gelockert; gleichzeitig sind die Wurzeln der Rose vor Beschädigung geschützt, da nicht gehackt wird.
- **Ende März sollte auch die jährliche Startdüngung erfolgen** (außer bei den gerade erst gepflanzten Rosen). Um Rosen vital und blühfreudig zu erhalten, ist in der Regel eine ein- bis zweimalige Düngung im Jahr nötig; nur auf sehr nährstoffreichen Lehmböden kann weniger gegeben werden. **„Viel hilft viel" gilt nämlich bei der Düngung von Pflanzen nicht**; ein Nährstoffüberschuss macht die Pflanzen weich und „mastig" und damit anfälliger für den Befall mit Krankheiten oder Schädlingen.
- Verwenden Sie daher auch vorzugsweise einen **organischen Dünger, der nur langsam vom Bodenleben zersetzt wird** und die Rosen über zwei bis drei Monate kontinuierlich versorgt. Die Nährstofffreisetzung ist abhängig von Feuchte und Bodentemperatur und unter solchen Bedingungen am höchsten, bei denen auch die Pflanzen am stärksten wachsen – eine Überdüngung ist so kaum möglich. Bringen Sie dann nach der Hauptblüte Ende Juni bis Anfang Juli die zweite Düngegabe aus.

Wie war das noch mal?!

1. Rosen im Frühjahr schneiden, wenn die Forsythien blühen.
2. Den Schnitt immer etwa 5 mm über einer gut entwickelten Knospe ansetzen.
3. Die verschiedenen Rosen gemäß ihrer unterschiedlichen Wuchsformen schneiden.
4. Nach dem Winter den Boden schonend lockern, um Luft an die Wurzeln zu bringen.
5. Ende März die Frühjahrsdüngung vornehmen; vorzugsweise mit einem organischen Dünger.

Eine fast vergessene Kunst

Die **Samengärtnerei** (der Anbau von Pflanzen, um Samen zu ernten) war früher selbstverständlicher Teil der gärtnerischen und landwirtschaftlichen Ausbildung. Dort wurde beispielsweise gelehrt, welchen Einfluss die Befruchtungsbiologie hat (Fremd- oder Selbstbefruchter?) oder wie das Saatgut geerntet, gedroschen, gereinigt und gelagert wird. Auch war es im Hausgarten im kleineren Maßstab gang und gäbe, von den bewährten, für gut befundenen Blumen und Gemüsen Saatgut für die nächste Saison zu ernten – für den eigenen Gebrauch, aber auch zum Tauschen und Weitergeben. Solche Sorten waren **an die jeweiligen regionalen Standortbedingungen hervorragend angepasst**, wurden über Generationen „vererbt" – und damit automatisch erhalten. Etwa ab den 1950er-Jahren gingen aber Interesse und Wissen um die Samengewinnung sowie die Vermehrung und Erhaltung von Sorten mehr und mehr verloren. Es wurde zum Spezialwissen, das sich aus der bäuerlichen in die Hand von Züchtungsbetrieben verlagerte und auf das Landwirte und Gärtner fortan keinen Zugriff mehr hatten.

Bei der Samengewinnung gelten andere Reife- und Erntezeiten als beim Anbau von Gemüse zum Verzehr.

Sortenvielfalt erhalten

Heute ist die Samengärtnerei im Privatbereich aber wichtiger denn je. Es ist ein wesentlicher Beitrag zur Erhaltung der Vielfalt unserer Kulturpflanzen, denn die Professionalisierung der Saatgutvermehrung durch weltweit agierende Züchtungskonzerne **führte zu einer rasanten Sortenverarmung**, insbesondere bei den regional gut angepassten Lokalsorten, an deren Fortbestand kein internationales Interesse bestand. Einige wenige Hochleistungssorten, die auf maximalen Ertrag und ein uniformes Wachstum hin gezüchtet wurden, verdrängten dagegen schnell die über Jahrhunderte gewachsene

Sortenvielfalt, die einmal aufgrund naheliegender Kriterien entstanden war: guter Geschmack, lange Erntezeit, gute Verwertbarkeit, Gesundheit, Robustheit oder einfach eine schöne und duftende Blüte.

Das Problem mit den F1-Hybriden

Die Samen der Jungfer im Grünen sind reif, wenn die Kapseln braun verfärbt und vertrocknet sind und schließlich aufplatzen.

Wenn Sie nun wieder im eigenen Garten gutes Saatgut ernten wollen, benötigen Sie – neben dem Wissen um Kulturführung oder Erntemethoden – eine samenfeste Sorte. **Eine Sorte also, die ihre Eigenschaften komplett an die Nachkommenschaft weitergibt** und sich im Laufe der Zeit gar nicht oder nur sehr langsam verändert. Dazu gehören: Lokal- und Regionalsorten, alte gärtnerische Zuchtsorten oder neuere Sorten aus biologischer Züchtung. Im Gegensatz dazu stehen die sogenannten F1-Hybriden (F1 = 1. Filial-Generation oder 1. Tochtergeneration). F1-Saatgut ist „Einmalsaatgut", denn die **gewünschten Sorteneigenschaften kommen nur im ersten Jahr zur vollen Ausprägung.** Werden von einer solchen Pflanze Samen geerntet und im folgenden Jahr ausgesät, bietet diese Nachkommenschaft ein höchst uneinheitliches, in vielerlei Hinsicht auch schlechteres Bild. Die Sorte spaltet in verschiedene Formen auf, ist nicht beständig und kann demzufolge im Hausgarten nicht sinnvoll vermehrt werden.

Viel Wissenswertes für die Saatguternte im eigenen Garten finden Sie in der entsprechenden Literatur. Darüber hinaus sind die folgenden Organisationen kompetente Ansprechpartner zu den Themen Saatgut ernten und Sortenvielfalt erhalten (Seite 218): „Dachverband Kulturpflanzen- und Nutzpflanzenvielfalt e.V." (Deutschland), „ProSpecieRara" (Schweiz und Südwestdeutschland) sowie „Arche Noah" (Österreich).

Das erste Gemüse, die ersten Kartoffeln

Die Aussaat im Freiland beginnt

Wenn sich im März der Boden langsam erwärmt und abgetrocknet ist, können im Freiland die ersten Gemüsearten ausgesät werden. Anfang März sollten auch die frühen Kartoffeln im Haus vorgekeimt werden, sodass man sie in etwa vier Wochen setzen kann.

Nur an der Oberfläche kratzen

- Wurden die Aussaatbeete vor dem Winter gut vorbereitet, brauchen sie jetzt kaum bearbeitet werden, denn **der Boden ist nun gut abgesetzt** und hat die nötigen Kapillarröhrchen gebildet, die eine ausreichende Wasserversorgung der Sämlinge aus tieferen Bodenschichten gewährleisten. Auch **würde ein tieferes Graben das Bodenleben beeinträchtigen**, wenn sich die sauerstoffliebenden Bewohner der oberen Schichten plötzlich tief im Boden wiederfinden und umgekehrt. Im besten Fall sterben die Würmer, Pilze, Algen und Bakterien zwar nicht ab, es braucht aber eine Weile, bis die alte Ordnung wiederhergestellt ist und das Bodenleben wieder „funktioniert", also den Boden lockert und lüftet, Humus aufbaut und aus organischer Substanz Nährstoffe freisetzt.
- **Lockern Sie nur die oberen 3–5 cm der Erde**, arbeiten Sie, wo nötig, etwas reifen Kompost ein und ebnen Sie das Beet mit einem Rechen. Ist der Düngezustand des Bodens nicht bekannt, sollte eine Bodenanalyse durchgeführt werden, um für die kommende Saison bedarfsgerecht düngen oder kalken zu können.

MANUFACTUM-TIPP

Seltene Kartoffelsorten können einfach vermehrt werden, indem größere Knollen zum Vortreiben in mehrere Stücke geteilt werden, sodass jedes Teilstück mindestens zwei Augen aufweist. Damit die Wunde gut verkorkt und die Knolle gegen Austrocknung oder Fäulnis geschützt ist, sollte diese Maßnahme rechtzeitig vor dem Beginn des Antreibens durchgeführt und die Knollen bis dahin bei etwa 10 °C dunkel gelagert werden.

Nicht aus der Reihe tanzen

- Bei den meisten Gemüsearten empfiehlt sich die Aussaat in Reihen. Diese können mit einem Rechen (umgedreht, mit einer der beiden Ecken) oder Jäter gezogen und zu Rillen vertieft werden. **Üblicherweise beträgt der Reihenabstand zwischen 20 und 25 cm**; die Rillentiefe hängt von der Größe der Samenkörner ab und liegt in der Regel zwischen 2 und 5 cm. Ziehen Sie möglichst gerade und parallel verlaufende Reihen – etwa mithilfe gespannter Schnüre oder entlang eines Bretts. Das erleichtert später das Hacken und Vereinzeln.
- Verteilen Sie den Samen gleichmäßig in der Rille und achten Sie darauf, dass keine Samenkörner über- oder sehr dicht beieinanderliegen. Das erspart zum einen die spätere Arbeit des Verziehens, zum anderen entwickeln sich Sämlinge von Anfang an besser, wenn sie genug Platz haben. **Sie wachsen in der Regel schneller, sind gesünder und entwickeln ein stärkeres Wurzelsystem.** Richtig ausgesät wird, indem die Samen als Prise mit den Fingern gefasst oder vorsichtig (durch Klopfen) aus der Samentüte geschüttelt werden. Sehr feines Saatgut – etwa von Sellerie, Möhren oder vielen Salaten – lässt sich leichter aussäen, wenn es mit hellem Sand vermischt wird.

Die Aussaat in Reihen macht sich bei der späteren Pflege des Beetes, etwa beim Hacken oder Vereinzeln, positiv bemerkbar.

Säen, markieren und gegebenenfalls abdecken

- Ziehen Sie nach der Aussaat mit Harke oder Rechen vorsichtig lockere Erde über die Saatreihen und drücken diese mit dem Werkzeugrücken gut an. Dies sorgt dafür, dass sich Hohlräume im Boden schließen, **der Samen also allseits einen guten Bodenkontakt erhält (den sogenannten Bodenschluss)** und damit beim späteren Quellen und Keimen nicht so leicht austrocknet. Gießen Sie nach der Aussaat gründlich und durchdringend an, und verwenden Sie dazu am besten eine Gießkanne mit Brausekopf, um ein Verschwemmen der Saat zu verhindern.
- Markieren Sie die Saatreihen mit dem leeren Samentütchen oder einem Etikett und halten das Beet bei trockener Witterung nun ständig feucht. Als Schutz vor plötzlichen Kälteeinbrüchen oder anhaltendem Starkregen sollte Vliesmaterial oder ein Pflanztunnel bereitgelegt werden.
- Abhängig von Witterung, Klimazone, Bodenbeschaffenheit und Kleinklima des Gartens können die folgenden Gemüsearten im Laufe des März ausgesät werden: Rucola, Petersilie, Kerbel, Rettich, Spinat, Kresse, Mangold, Radieschen, Pastinaken, Mairübchen, Dicke Bohnen, Palerbsen (ab 4 °C Bodentemperatur),

Blumenkohl, Weiß- und Rotkohl, Kohlrabi und Möhren (nicht zu früh). Verwenden Sie nur gesundes und keimfähiges Saatgut. Letzteres kann bei älterem Saatgut recht einfach überprüft werden: Legen Sie einige Samen in eine flache Schale auf feuchtes Filterpapier und decken sie mit einer Frischhaltefolie ab. Keimt mehr als die Hälfte, kann das Saatgut noch verwendet werden; säen Sie dann eventuell etwas dichter.

Vorsprung für frühe Kartoffeln

- Im März kann auch mit dem **Vortreiben der ersten (Früh-)Kartoffeln** begonnen werden. Diese Maßnahme verfrüht die Ernte um bis zu 14 Tage und führt zu höheren Erträgen; unter anderem deshalb, weil die vorgekeimten Kartoffeln beim – oft unvermeidlichen – Einsetzen der Krautfäule schon dickere Knollen haben als die nicht vorgetriebenen. Der Beginn des Vortreibens sollte **vier bis fünf Wochen vor dem geplanten Pflanztermin** liegen.
- Wählen Sie zum Vortreiben (auch Vorkeimen) gesunde feste Kartoffeln aus, die ruhig etwas kleiner sein dürfen. Legen Sie sie in flache Kisten, Eierkartons oder Aussaatplatten und achten Sie darauf, dass **der Teil mit den meisten Augen nach oben zeigt** (und der Teil mit dem „Nabel“, der Ansatzstelle zur Mutterknolle, nach unten). Legt man die Kartoffeln in eine Schicht krümelige Blumenerde, bilden sich bärtige Wurzeln, die beim späteren Auspflanzen sofort weiterwachsen und für einen Wachstumsvorsprung sorgen.
- Stellen Sie die Knollen an einem hellen (nicht sonnigen) luftigen Ort bei 12–15 °C auf. Gegen das Austrocknen in einem sehr lufttrockenen Raum hilft die Abdeckung mit einer transparenten Folie. Unter Lichteinfluss werden die Knollen aufgrund der Bildung von Chlorophyll nun grün und aus den Augen beginnen die Keime zu wachsen. **Ausreichende Helligkeit ist besonders wichtig, damit die Keime kurz und kräftig bleiben** und bei der späteren Pflanzung nicht abbrechen. Entfernen Sie bis auf zwei bis drei kräftige Triebe alle anderen, damit die ganze Kraft der Knolle in die ausgewählten Keime fließen kann. Die Kartoffelknollen selbst werden im Laufe der Wochen welk und schrumpelig.

Kartoffeln müssen zum Antreiben hell genug stehen, damit die Keime kurz bleiben und kräftig werden.

Wie war das noch mal?!

1. Vor der Aussaat im Freiland den Boden nur noch einmal oberflächlich lockern.
2. In größeren Beeten ist die Aussaat in Reihen von Vorteil.
3. Möglichst gleichmäßig aussäen und die Saat markieren.
4. Kartoffeln vortreiben, um frühere und höhere Erträge zu generieren.
5. Feste, gesunde, eher kleine Knollen auswählen und bei viel Licht keimen lassen.

Rasen oder Wiese?

Den Rasen pflegen oder eine Wiese aussäen

Gegen Mitte April können in den meisten Gegenden zum ersten Mal der Rasen gemäht und verschiedene Pflegemaßnahmen durchgeführt werden. Auch wäre jetzt die Zeit, um eine „wilde“ Wiese anzulegen: Sie blüht schön bunt und bietet Futter für nützliche Insekten.

Mähen, vertikutieren ...

- Mähen Sie den Rasen zum Start der Gartensaison und zur Vorbereitung weiterer Pflegemaßnahmen relativ weit herunter; etwa auf eine **Halmlänge von 3 cm**. Das Schnittgut kann als willkommene Mulchdecke auf die Gemüsebeete gestreut werden, wo im Moment – da die Pflanzen noch sehr klein sind – der Boden weitgehend offen ist. Verfilzte, vermooste oder stark verunkrautete Flächen sollten anschließend vertikutiert werden, um den Rasengräsern **bessere Wuchsbedingungen ohne Konkurrenz um Licht, Luft und Nährstoffe** durch andere Pflanzen zu verschaffen.
- Säen Sie dort nach, wo der Rasen nach dem Vertikutieren größere Kahlstellen aufweist. Mit der zunehmenden Sonnenscheindauer und dem in der Regel feuchten Boden ist der April (neben dem September) ein idealer Monat für diese Maßnahme. Achten Sie darauf, dass der Boden nicht mehr nasskalt ist, da sonst der Samen von feineren Grasarten verfaulen könnte, anstatt zu keimen.

... und nachsäen

- Lockern Sie die Kahlstellen für die Nachsaat mit einem Rechen (bei stark verdichtetem Boden mit einer Gabel) gründlich auf und ziehen die Erde anschließend glatt. Eine zusätzliche, **etwa 3 cm dicke Schicht aus guter unkrautfreier Erde oder fein gesiebtem Kompost** bietet den Samen beste Anwuchsbedingungen. Das Niveau der so bearbeiteten Fläche sollte etwas über dem umgebenden Rasen liegen, da sich der Boden später noch setzt.
- Streuen Sie den Samen gleichmäßig und **etwas dichter als bei der Neuanlage eines Rasens**. Anschließend wird der Samen mit einem Rechen flach eingearbeitet und der Boden angewalzt; kleinere Flächen können auch mit einer Schaufel festgeklopft werden. Wässern Sie den Boden gut und durchdringend, aber achten Sie dabei darauf, dass die Samen nicht weggeschwemmt werden. Dies gelingt am besten durch die Verwendung eines Regners. **Die eingesäte Fläche muss dann für etwa vier Wochen stets feucht gehalten werden**. Bringen Sie zusätzlich einen speziellen Rasendünger aus, der die Pflanzen mit den nötigen Nährstoffen für die kommenden Wochen versorgt.

MANUFACTUM-TIPP

Achten Sie bei der Auswahl der Samenmischung für eine Nützlingswiese darauf, dass sie überwiegend – im Idealfall komplett – aus heimischen (Wild-)Pflanzen besteht. Diese sorgen am besten für eine ausreichende Pollen- und Nektarversorgung der heimischen Fauna. Es gibt sogar Anbieter von Samenmischungen, die speziell auf verschiedene Regionen abgestimmt sind; man spricht dann von gebietsheimischen Pflanzen.

Warum nicht eine Blumenwiese anlegen?

- Viele Insekten – Marienkäfer, Flor- und Schwebfliegen, Weichkäfer, Schmetterlinge, Hummeln und Wildbienen – sind im Garten nützliche Helfer, denn sie ernähren sich von zahlreichen Pflanzenschädlingen. So vertilgt jede Schwebfliegenlarve rund 300 bis 400 Blattläuse, jede Florfliegenlarve sogar 500. Um sie in großer Zahl in den Garten zu locken, sollte dort ein reiches Pflanzenangebot zur Verfügung stehen, das den **Insekten als Nahrungsquelle dient sowie Brut- und Überwinterungsmöglichkeiten bietet**. Dies gelingt mit einer sogenannten Nützlingswiese, die aus einer Mischung geeigneter „Futterpflanzen“ (mit einem reichen Pollen- und Nektarangebot) besteht.
- Suchen Sie zunächst einen passenden Standort aus. Aufgrund der geringen Ansprüche der meisten Wiesenblumen – sie „verlangen“ in der Regel nur einen sonnigen Standort mit magerem Boden – **eignen sich insbesondere extensiv genutzte Randflächen, Böschungen oder Säume** entlang von Wegen und Gebäuden.
- Ausgesät werden kann etwa von Mitte März bis Mitte Mai. Die ersten Keimlinge erscheinen nach zwei bis drei Wochen; die Entwicklung aller Pflanzen erstreckt sich dann aber über eine ganze Vegetationsperiode. Einige Samen (die hartschaligen) keimen sogar erst im folgenden Frühjahr.

Bei der „Reparatur“ von Kahlstellen im Rasen, kann ruhig etwas dichter gesät werden.

- Lockern Sie den Boden für die Aussaat und entfernen Wurzelunkräuter sowie größere Steine. Extensiv genutzte Flächen sind eventuell stärker verhärtet, sodass dort Gabel oder Spaten notwendig sind; ansonsten eignet sich ein Kultivator gut. Ebnen Sie den Boden mit dem Rechen ein; er sollte danach eine feinkrümelige Struktur aufweisen. **Zu fette, also zu nährstoffreiche Böden müssen mit Kalksplitt, Kies oder Sand abgemagert werden.** Bringen Sie abschließend eine dünne Schicht reifen gesiebten Kompost auf, die als Saatbett dient.
- Werfen Sie den Samen in weiten Bögen aus (etwa 3 g/m^2) und arbeiten ihn anschließend nicht in den Boden ein, sondern walzen ihn nur an, um den wichtigen Bodenschluss herzustellen. Bei kleinen Flächen kann der Samen bzw. Boden auch mit einer Schaufel festgeklopft werden. Das **Walzen oder Festklopfen ist bei abschüssigen Flächen an Hängen und Böschungen** auch aus einem zweiten Grund wichtig: Hier besteht die Gefahr, dass sowohl die obere, gelockerte Bodenschicht als auch die frische Saat bei heftigem Regen weggeschwemmt werden. Spannen Sie deshalb besser noch ein grobes Jute- oder Kokosnetz über die Aussaatfläche, welches Erde und Saat an Ort und Stelle hält.

Durch die Aussaat von nektar und pollenreichen Blumen werden viele nützliche Insekten in den Garten gelockt.

Die weitere Pflege der Wiese

- **Ein Mähen und auch das Düngen der Fläche sollten möglichst entfallen.** Ist es aus optischen Gründen erwünscht, können im Frühjahr vor dem Neuaustrieb die trockenen Stängel des Vorjahres zurückgeschnitten werden. Bis dahin dienen die hohlen Pflanzenstängel aber zahlreichen Nutzinsekten – von der Larve bis zum Käfer – als Winterquartier und sollten unbedingt stehen bleiben.
- Verbreiten sich unerwünschte Pflanzen auf der Fläche, führen Sie etwa sechs bis acht Wochen nach der Aussaat einen sogenannten Pflegeschnitt durch und wiederholen diesen drei bis vier Wochen später noch einmal. **Ackerkratzdisteln, Ampfer und andere Wurzelunkräuter** müssen rechtzeitig vor der Samenbildung ausgestochen werden.

Wie war das noch mal?!

1. Verfilzte, vermooste oder verunkrautete Rasenflächen nach dem Winter vertikutieren.
2. Wo der Rasen danach größere Kahlstellen aufweist, nachsäen.
3. Zum Saisonstart einen speziellen Rasendünger ausbringen.
4. Alternativ zum Rasen (oder an anderer Stelle) eine Wildblumenwiese anlegen, die Insekten anlockt.
5. Den Samen anwalzen und die Fläche feucht halten. Nicht düngen und später auch nicht mähen.

Dumme Bauern? Dicke Knollen?

Der kluge Gärtner setzt auf jeden Fall jetzt Kartoffeln

Liegt die Bodentemperatur bei etwa 8 °C können Anfang April schon die ersten Kartoffeln gepflanzt werden: zunächst die frühen Sorten, die eventuell im März schon zum Vorkeimen gebracht worden sind. Die erste Ernte kann dann bereits im Juli erfolgen.

Zeigten sich im vergangenen Jahr solche Wachstumsdepressionen, sollte jetzt frisches Pflanzgut verwendet werden.

Früh oder spät reifend, fest- oder mehligkochend?

- Aufgrund der Bemühungen vieler engagierter Gärtner und Vereine kann inzwischen wieder aus einer Vielzahl Kartoffelsorten gewählt werden. Lassen Sie sich daher bei der Sortenauswahl von verschiedenen Faktoren beeinflussen: dem **Erntezeitpunkt** (der von Klima und Anbaumethode beeinflusst wird), den **Kocheigenschaften** oder der **Lagerfähigkeit** (zum Einlagern sind nur die späten Sorten geeignet).
- Der wichtigste Aspekt ist aber sicher der Geschmack, und hier **bieten vor allem die älteren Kartoffelsorten eine enorme Vielfalt**. Wird zudem der Boden zurückhaltend und vorwiegend organisch gedüngt, kann das zwar niedrigere Erträge zur Folge haben, es führt in der Regel aber auch dazu, dass die Knollen ein stärkeres Eigenaroma entwickeln und sich, ähnlich wie im Weinbau, die Aromaqualitäten des Bodens aneignen.
- Wenn Ertrag und Pflanzengesundheit im Erntejahr gut waren, ist ein zwei- bis dreimaliger Nachbau aus eigener Ernte möglich. **Greifen Sie aber spätestens nach drei Jahren auf frisches Pflanzgut zurück**, da sich in vegetativ (also durch Knollen) vermehrten Beständen im Laufe der Zeit Viruskrankheiten ausbreiten, die über den Sommer durch Blattläuse übertragen wurden.

MANUFACTUM-TIPP

Kartoffeln können auch in größeren Gefäßen oder leeren Erdsäcken kultiviert werden – für mehrere Mahlzeiten reicht diese Ernte allemal. Auf diese Weise kann man auch im kleinen Stadtgarten, auf dem Balkon, der Terrasse oder im Hinterhof ernten oder einfach ein paar unbekannte Sorten zunächst im kleinen Maßstab ausprobieren.

Der richtige Pflanzplatz

- Kartoffeln sollten **nur alle vier Jahre am selben Standort** angebaut werden, um die Verbreitung von bodenbürtigen Krankheiten (vor allem Kartoffelnematoden) einzudämmen. Gute Folgekulturen für Kartoffeln sind etwa Buschbohnen, Endivien, Kopfsalat oder Kohlrabi. (Frühkartoffeln selbst sind generell eine gute Vorkultur für alle erst im Sommer gepflanzten Gemüsearten, da sie einen unkrautarmen, lockeren Boden zurücklassen.)
- **Vermeiden Sie im Garten unbedingt die räumliche Nähe von Kartoffeln und Tomaten**, um dem Befall mit Pilzkrankheiten bei beiden Kulturen vorzubeugen (und beachten Sie in diesem Zusammenhang auch die Hauptwindrichtung). Der pilzliche Erreger der Braunfäule an Tomaten ist nämlich der gleiche, der bei Kartoffeln zur Kraut- und Knollenfäule führt. Er befällt zunächst das Kartoffellaub und bildet dann Sporen, welche mit dem Wind auf die Tomatenpflanzen übertragen werden können.

Lockerer, sandig-lehmiger Boden bevorzugt

Kartoffeln werden in Furchen gepflanzt. Vorsichtig hineinlegen, damit die Keime nicht abbrechen!

- Zum Pflanztermin sollte die **Bodentemperatur mindestens 7 °C für vorgekeimte und 10 °C für nicht vorgekeimte Knollen** betragen. Lockern Sie den Boden im neuen Kartoffelbeet mit einer Gabel etwa 30 cm tief, ziehen ihn anschließend mit Kultivator oder Sauzahn durch und entfernen dabei Wurzelunkräuter und größere Steine.
- Kartoffeln bevorzugen einen abgetrockneten, warmen, mit Kompost angereicherten Boden. **Sandböden und sandige Lehmböden sind daher besonders gut geeignet**; schwerer, zu Staunässe neigender Boden muss hingegen erst durch verschiedene Verbesserungsmaßnahmen für den Kartoffelanbau tauglich gemacht werden. Dazu gehört das Einarbeiten von Kompost und Sand, das tiefe Umgraben im Herbst mit anschließender Frostgare oder die Aussaat einer tief wurzelnden Vorkultur wie z. B. Ölrettich.
- Reichern Sie den Boden also nach Bedarf (eine Bodenanalyse kann hier hilfreich sein) mit verrottetem Stallmist oder reifem Kompost an – am besten geschieht dies schon im Vorjahr oder Anfang März des gleichen Jahres. Kartoffeln bevorzugen zwar einen nährstoffreichen Boden, **reagieren aber empfindlich auf Überdüngung**. Die Krankheitsanfälligkeit ist unter solchen Bedingungen erhöht, Lagerfähigkeit und Geschmack werden nachteilig beeinflusst.
- Zudem ist es empfehlenswert, im Sommer oder Herbst des Vorjahres eine Gründüngung als Vorfrucht auszubringen. Hierfür eigenen

sich besonders Leguminosen wie Klee, Bohnen, Erbsen, Wicken oder Lupinen, gemischt mit Ölrettich. **Die Pflanzen reichern den Boden mit Stickstoff an**, transportieren aus unteren Bodenschichten Nährstoffe nach oben und sorgen mit der Durchwurzelung für einen lockeren und erosionsgeschützten Boden. Sie frieren über den Winter ab und lassen sich dann im Frühjahr leicht einarbeiten.

Damit die oberen Knollen nicht aus der Erde herauswachsen und vergrünen, muss mehrmals angehäufelt werden.

Pflanzen und pflegen

- Kartoffeln werden am besten in etwa 8 cm tiefe, möglichst gerade Furchen gepflanzt. Ziehen Sie diese, etwa mit einer Blatthacke, in einem Abstand von 60–70 cm. Dieser verhältnismäßig **große Abstand ist nötig, da die Kartoffeln später noch angehäufelt werden** und dafür genügend Erde vorhanden sein muss; außerdem erleichtert das auch die Ernte. Setzen Sie die Pflanzkartoffeln im Abstand von etwa 35 cm mit dem Keim nach oben in die Furchen und drücken Sie sie leicht an. Ziehen Sie anschließend mit einem Rechen vorsichtig Erde über die Kartoffelreihe, sodass sich über jeder Furche ein kleiner Damm bildet.
- Wenn sich später die ersten Triebe zeigen, sollte rund um die Pflanzen Erde angehäufelt werden. Durch diese Maßnahme verhindern Sie, dass die neu gebildeten Tochterknollen aus dem Boden herauswachsen und **durch das Sonnenlicht grün und ungenießbar werden** – das Anhäufeln muss man daher im Laufe der Saison einige Male wiederholen. Gleichzeitig wird durch die regelmäßige Erdbewegung auch das Aufkommen von Unkräutern unterdrückt. Solange die Kartoffelstauden noch klein sind, sollte jedoch zusätzlich noch gejätet werden.
- Statt dem (hierzulande) traditionellen Anhäufeln kann man die Beetfläche zwischen den Kartoffelpflanzen auch **mit einer dicken Schicht Laub oder Stroh bedecken.** In jedem Falle muss aber in trockenen Jahren bzw. an trockenen Standorten regelmäßig bewässert werden, denn Kartoffeln bilden schnell relativ viel Masse und brauchen zum Wachsen ausreichend Wasser im Boden.

Wie war das noch mal?!

1. Die passenden Sorten auswählen, abhängig von den persönlichen Vorlieben und Gegebenheiten.
2. Kartoffeln nur alle vier Jahre am gleichen Standort anbauen. Nicht in die Nähe von Tomaten pflanzen.
3. Den Boden zur Pflanzung lockern und gegebenenfalls mit Mist oder Kompost anreichern.
4. Die Knollen in Furchen pflanzen. Diese müssen genügend Abstand haben.
5. Rechtzeitig anhäufeln oder den Boden mulchen.
6. Das Kartoffelbeet in trockenen Jahren regelmäßig gut wässern.

FÜR KLEINE GÄRTNER

Selbstgezogen schmeckt am besten

Um Kindern die Arbeit im Garten näherzubringen, lohnt es sich, ihnen ein eigenes kleines Beet zur Verfügung zu stellen. Dort können sie nach Herzenslust experimentieren und – mit etwas Unterstützung – bald die ersten eigenen Radieschen ernten.

Material

- Eine Abtrennung aus Brettern, verflochtenen Zweigen oder Schnur, damit jeder weiß, wo das Kinderbeet beginnt und endet
- Wenn das Beet in einer Umrandung oder als kleines Hochbeet entsteht, einen Sack gute Erde zum Füllen, möglichst eine ohne Torf
- Samen vom Lieblingsgemüse und von ein paar schönen Blumen. Besonders viel Spaß macht es auch, etwas ganz neues auszuprobieren, zum Beispiel eine Erdnuss heranzuziehen oder bunten Mais
- Ein Rechen, eine Gießkanne und Etiketten, um die Aussaatreihen zu markieren

So wird's gemacht

Als erstes wird die Erde ins Kinderbeet gefüllt und gleichmäßig verteilt. Dicke Knubbel zerdrückt man dabei am besten mit den Händen. Die Erde muss überall möglichst fein und krümelig sein, damit sie ganz glatt gezogen werden kann.

Am einfachsten gelingt die Aussaat, wenn man vorher ein paar möglichst gerade Reihen (man sagt auch Furchen) in die Erde zieht. Das geht bei lockerem Boden gut mit der Hand(kante) oder man nimmt dazu den Rechen (den Rechenkopf herumdrehen und eine der beiden Ecken durch das Beet ziehen). Auf den Samentütchen steht meist, welchen Abstand die Reihen haben und wie tief sie sein sollen.

Jetzt werden die Samen in die Furchen gelegt; am besten einzeln und immer im gleichen Abstand. Die kleinen Pflänzchen haben dann in alle Richtungen genug Platz zum Wachsen. Die Samenkörner dürfen nun nicht offen liegen bleiben, sondern man zieht von rechts und links etwas Erde darüber und macht den Boden wieder glatt. Ganz wichtig ist jetzt das Gießen; am besten mit einer Gießkanne, die vorne eine Brause hat. Damit kann das Wasser gleichmäßig und vorsichtig über dem Beet verteilt werden. Die Erde darf nämlich nicht wegschwimmen!

FÜR KLEINE GÄRTNER

Um nicht zu vergessen, was wohin gesät wurde, steckt man am besten bei jeder Reihe ein Etikett in den Boden, auf dem der Name der Pflanze steht.

Wenn die Pflänzchen später zu nah beieinander stehen, sollte überall da, wo sich zwei zu sehr auf die Pelle rücken, eines von beiden entfernt werden (das nennt man „Vereinzeln"). Macht man das ganz vorsichtig und reißt beim Herausziehen nicht die feinen Wurzeln ab, können diese Pflänzchen einfach an eine andere Stelle im Garten umziehen.

Dann mussen die Pflanzen nur noch wachsen. Dazu brauchen sie Wasser (wenn es nicht genug regnet) und etwas Aufmerksamkeit und Pflege, damit sich nicht zu viel Unkraut im Beet breitmacht oder Schnecken hineinkriechen und alles auffressen.

P9
N 14

Urban Gardening an der Wand und auf dem Boden

Obst und Gemüse auf dem Balkon, der Terrasse oder im Hinterhof anbauen

Auch in der Stadt und ohne eigenen Garten können Sie Obst und Gemüse anbauen: in Kästen und Töpfen, in kleinen Hochbeeten oder bepflanzbaren Taschen, die, an die Hauswand gehängt, auch die vertikalen Flächen nutzbar machen.

Mit Folie ausgeschlagen und mit Erde befüllt, können Holzpaletten in mehreren Etagen bepflanzt werden.

Die Nöte des Stadtgärtners

- Das Hauptproblem bei der Kultivierung von Pflanzen in der Stadt ist meist der **begrenzte Raum**. Am kleinsten sind meist die Balkone, gefolgt von (Dach-)Terrassen. Städtische Gärten haben eher eine überschaubare Größe; allein die Hinterhöfe sind oft großzügiger bemessen. **Dort ist aber meist kein guter Boden zu erwarten**, und – schlimmer noch – oft sind diese Flächen komplett versiegelt.
- Es gilt also, kreativ zu werden und zusätzlichen Raum für den Anbau von Pflanzen zu schaffen. Das sogenannte Vertical Gardening ist eine dieser Strategien, also die **Nutzung der vertikalen Flächen**. Neben der Anbringung von Spalieren, an denen Kletterpflanzen die Wände erklimmen können, oder der guten alten Blumenampel gibt es inzwischen zahlreiche neue Systeme – zum Kaufen oder Marke Eigenbau. Flexible Taschen aus Vliesmaterial können an Wände oder Balkonbrüstungen befestigt werden, schmale Kästen und halbrunde Gefäße aus Metall, Kunststoff oder Ton in mehreren Etagen übereinandergehängt sowie diverse Dinge „umgenutzt“ werden: Aufgefädelte leere Tetrapacks oder PET-Flaschen werden zu Pflanztöpfen oder aufrecht gestellte Paletten zu einem bepflanzbaren Regal.

Nicht alles funktioniert gut

- Achten Sie bei der Auswahl dieser alternativen Pflanzgefäße für die Wand aber unbedingt auf einige Punkte, denn nicht alle sind so funktional wie sie zunächst erscheinen. **Taschen aus Vliesmaterial haben oft nicht die richtige Größe und Form**: Wenn sie zu klein sind, trocknet die Erde – gerade an einer sonnenexponierten Wand – sehr schnell aus und lässt sich dann nur schwer wieder benetzen. Problematisch ist zudem, wenn sich die Taschen nach der Befüllung mit Erde und Pflanzen nach vorne neigen und dann **das Gießwasser schneller über die trockene Erde hinwegfließt als es eindringen könnte**. Großvolumige Taschen trocknen zwar weniger rasch aus; wenn sie aber nicht gut geschnitten sind, öffnen sie sich im bepflanzten Zustand so weit nach vorne, dass die Pflanzen ständig drohen hinauszukippen.
- Gut sind oft Systeme mit einem starren Rahmen und am besten mit einer automatischen Wasserversorgung für jede einzelne Tasche. Bei Töpfen und Kästen, die an die Wand gehängt werden, ist ebenfalls oft das geringe Volumen ein Problem, weil die (wenige) Erde schnell austrocknet. **Erschwerend kommt hinzu, dass sich unter diese Gefäße meist kein Untersetzer anbringen lässt**. Helfen kann hier aber schon ein Abflussloch, das nicht wie üblich im Boden eingebracht ist, sondern etwas höher in der Seitenwand, sodass unten im Gefäß immer ein kleines Wasserreservoir bleiben kann.

MANUFACTUM-TIPP

In städtischen Hinterhöfen und Gärten können die Lichtverhältnisse im Jahresverlauf stark wechseln – je nachdem, wie hoch die umliegenden Gebäude sind und der jeweilige Sonnenstand ist. Dann empfehlen sich kleine mobile Beete, die an die günstigste Stelle umgestellt werden können. Sie lassen sich beispielsweise aus Bäcker- oder Weinkisten und einem fahrbaren Untersatz einfach selbst bauen.

Gemüse auf Beton anbauen

- Nutzen Sie als Stadtgärtner nicht nur die vertikalen Flächen, sondern auch die auf betonierten oder gepflasterten Terrassen und Hinterhöfen. Das gelingt ganz einfach entweder mit Hochbeeten oder mit sogenannten Beetrahmen.
- Letztere bestehen aus vier Seitenteilen aus Holzbrettern oder geflochten Hasel- oder Weidenruten, die an den Ecken miteinander zu einem Rahmen verbunden werden. Anschließend kleidet man sie mit einer Folie aus und befüllt sie mit Erde. Das gelingt in Minuten und ermöglicht die **Anlage eines Beetes**, **völlig unabhängig vom vorhandenen Untergrund**, egal ob auf Beton, Asphalt, Schotter oder auf mit Schutt oder Abfall belastetem Boden.
- Je nach Höhe der Seitenelemente eignet sich das Beet für verschiedene Pflanzen. Wenn Sie ein eher flaches Beet anlegen, ist die Auswahl natürlich begrenzt. Kräuter und Salate können darin aber allemal wachsen, und die niedrige Höhe hat den Vorteil, dass weniger Erde benötigt wird. Mit steigender Höhe der Rahmenele-

Ein mit Erde gefüllter Holzrahmen wird schnell und einfach zu einem kleinen Kräuterbeet.

mente **eignet sich das Beet dann auch für Pflanzen mit tief reichenden Wurzeln** – und der Übergang zum Hochbeet ist fließend.

- Hochbeete gibt es in vielerlei Varianten. Aus Holz, Blech, Kunststoff oder Steinen, in rund oder eckig, als großer „Kasten" mit 2 m³ Fassungsvermögen oder als kleine Balkonvariante auf vier Beinen. Die großen Hochbeete sind dauerhafte zusätzliche Nutzgartenflächen mit zahlreichen Vorteilen (Seite 173). Besonders interessant für den Stadtgärtner sind diese beiden Aspekte: Die Bodentemperatur liegt deutlich über der eines Gartenbeetes. Das führt dazu, dass die Saat schneller keimt und das Gemüse früher reift. **So werden bis zu drei Ernten im Jahr möglich**. Zudem können durch die richtige Befüllung beste Bodenqualitäten erzeugt werden – ganz unabhängig vom vorliegenden Untergrund.

Auch auf Balkonen kann Gemüse angebaut werden: In die Höhe kletternde Stangenbohnen nehmen kaum Platz weg.

Welche Obst- und Gemüsesorten eignen sich?

- Um die begrenzten Flächen in der Stadt optimal zu nutzen, wählen Sie vorzugsweise Arten, die **schnell wachsen und reifen** und somit mehrmals in der Saison nachgesät werden können (wie Salate und Radieschen). Ebenfalls geeignet sind Arten, die **mehrmals geerntet werden können**, weil sie immer wieder nachwachsen (etwa Mangold oder Pflücksalat) und solche Pflanzen, die generell **über einen langen Zeitraum fruchten und reifen** (wie Tomaten, Monatserdbeeren oder Gurken).
- Vor allem für den Balkon empfehlen sich Pflanzen, die **wenig Platz beanspruchen** (wie Paprika, Chili und fast alle Kräuter) oder die kaum in die Breite, sondern hauptsächlich **in die Höhe wachsen**, also kaum Bodenfläche „verbrauchen" (etwa Gurken, Stangenbohnen oder Erbsen). Wählen Sie dabei Sorten mit nicht zu großen und schweren Früchten.

Wie war das noch mal?!

1. Bei beengten Platzverhältnissen in der Stadt auch die vertikalen Flächen nutzen.
2. Darauf achten, dass die Pflanzgefäße nicht zu schnell austrocknen und stabil an der Wand hängen.
3. Auf versiegelten Flächen Hochbeete oder Beetrahmen aufstellen und bepflanzen.
4. Vor allem solche Pflanzen anbauen, die schnell wachsen und mehrmals geerntet werden können.

Jäten, hacken, mulchen

Kluge Kniffe bei der Bodenpflege

Ab den ersten Maitagen gehört die regelmäßige Bodenpflege zu den wichtigsten Gartenarbeiten für die kommenden Monate. Um den Boden vor Verunkrautung und Austrocknung zu schützen, sollte regelmäßig durchgehackt oder aber gemulcht werden.

Einmal hacken ersetzt dreimal gießen

- Ein regelmäßiges Lockern der Bodenkrume sorgt zum einen für eine gute Durchlüftung, vor allem aber hilft es, **die Bodenfeuchtigkeit zu erhalten**, da es die senkrecht verlaufenden Kapillarröhrchen – in denen Wasser aus tieferen Schichten aufsteigt – an der Bodenoberfläche unterbricht. So wird verhindert, dass das Wasser ungenutzt verdunsten kann.
- Verwenden Sie für die Bodenlockerung nur **Werkzeuge, mit denen sich relativ flach (nur in den oberen Zentimetern des Bodens) arbeiten lässt**, also Rechen, (Roll-)Kultivator, Schlaufenjäter oder Harken mit kurzen Zinken. Die beste Zeit für diese Arbeit ist, wenn der Boden nach einem Regenguss oder dem Gießen oberflächlich abgetrocknet ist, möglichst am Abend.
- Entfernen Sie gleichzeitig aufkommendes Unkraut. Bei trockener Witterung reicht es aus, die (flach wurzelnden) Unkrautpflanzen aus dem Boden zu hacken oder ihre Wurzeln – mit Schlaufenjäter oder Pendelhacke – zu unterschneiden und dann auf dem Beet liegen zu lassen. **Sie vertrocknen dort schnell, werden zersetzt,** und die organische Masse wird wieder dem Boden zugeführt.

Unkräuter dürfen keine Samen bilden

- Unkräutern mit tief gehender (Pfahl-)Wurzel – etwa Löwenzahn, Distel oder Gänsedistel – müssen Sie dagegen mit einem Wurzelstecher zu Leibe rücken. Stechen Sie das Werkzeug dicht neben der Pflanze ein und lockern sie durch Rütteln, bis sie sich samt kompletter Wurzel aus dem Boden ziehen lässt. **Die Wurzel darf nicht abreißen**, sonst wächst daraus schnell eine neue Pflanze, die meist fester im Boden verankert ist als die vorige.
- Generell sollten Unkrautpflanzen spätestens dann entfernt werden, wenn sie die kultivierten Pflanzen im Wachstum beeinträchtigen. Sie sind nämlich in der Regel vitaler und schnellwüchsiger und **stellen etwa für Gemüsejungpflanzen eine erhebliche Konkurrenz um Wasser, Nährstoffe und Raum dar**. Die zweite „Deadline“ zur Unkrautbekämpfung ist die Samenreife: Damit sich die Pflanzen nicht übermäßig vermehren und in großer Zahl weiter im Garten verbreiten, ist die wichtigste Bekämpfungsmaßnahme, **frühzeitig die Blütenköpfe zu entfernen** und damit eine Samenbildung zu verhindern. Auch wenn gerade keine Zeit zum Jäten ist, sollte diese Arbeit unbedingt getan werden.
- Für besonders hartnäckige Fälle ist kochendes Wasser ein altes Hausmittel zur Unkrautbekämpfung: Es wird über die Pflanzen gegossen und das Gewebe durch dieses „Abbrühen“ zerstört. Im Gegensatz zu anderen Hausmitteln, wie dem Ausbringen von Salz oder Essig, ist diese Methode zwar aufwendig, aber ökologisch völlig unbedenklich.

MANUFACTUM-TIPP

Alternativ zur regelmäßigen Unkrautentfernung aus Pflasterfugen können diese – eine gewisse Breite vorausgesetzt – mit trittfesten und zudem sehr zierenden Polsterpflanzen „besetzt“ werden, sodass Unkraut dort nicht Fuß fassen kann. Dazu eignen sich zum Beispiel Sandthymian (*Thymus serphyllum*), Rundblättrige Glockenblume (*Campanula rotundifolia*) oder Römische Kamille (*Chamaemelum nobile*).

Bevor Unkräuter zu groß werden und Samen bilden, sollten sie aus den Beeten entfernt werden.

Die Alternative ist eine Mulchdecke

- Alternativ zum regelmäßigen Hacken und Jäten können Sie offene Beetflächen auch mulchen. Eine ständige Mulchdecke trägt zur Erhaltung der Bodenfeuchtigkeit bei und unterdrückt gleichzeitig das Aufkommen von Unkraut auf der Fläche (Seite 77).
- Im Obstgarten sollte nach den Eisheiligen unter allen Beerensträuchern und -hecken sowie den Obstbäumen ohnehin eine Mulchdecke ausgebracht werden. Die Erde ist nun gut erwärmt (vorher würde eine Mulchschicht eine direkte Sonneneinstrahlung verhindern und damit die Bodenerwärmung verzögern), und ab jetzt ist es wichtig, den Boden feucht zu halten und Unkrautbewuchs zu unterdrücken. **Entfernen Sie daher vor dem Aufbringen der Mulchschicht eventuelles Unkraut von der Fläche.**
- Als Material eignen sich Stroh, Rindenhumus, Laub, Rasenschnitt, geschnittene Brennnesseln oder Beinwell. Verteilen Sie eine gleichmäßig dicke Schicht auf dem Boden und erneuern diese im Laufe

des Sommers mehrmals, sodass **der Boden ständig bedeckt ist, feucht und humusreich bleibt**. Zudem bleibt er locker, ohne dass gehackt werden muss. Dieser Aspekt ist gerade bei Beerensträuchern wichtig, da ihre Wurzeln hauptsächlich flach verlaufen und bei jeder Bodenbearbeitung beschädigt werden könnten.

- Bringen Sie Rindenhumus oder Kompost mit einer Schaufel aus, verteilen es mit Harke oder Rechen und ziehen die Schicht anschließend glatt. Stroh, Laub, Rasenschnitt oder ähnliche Materialien lassen sich meist einfacher mit den Händen verteilen.

Eine Mulchdecke aus Stroh hält im Erdbeerbeet den Boden feucht und die Früchte sauber.

Stroh passt zu Erd-, Gras zu Himbeeren

- Für Erdbeeren eignet sich besonders gut Stroh zum Mulchen. Das Material trocknet schnell, hält die Früchte sauber und zieht kaum Schnecken an (wehrt sie aber auch nicht ab). Beachten Sie aber, dass **bei der Zersetzung von Stroh Stickstoff verbraucht wird**, was durch eine zusätzliche Düngegabe ausgeglichen werden muss.
- Bringen Sie bei Stachelbeeren, Johannisbeeren, Jostabeeren und Himbeeren im Mai zunächst eine Schicht Kompost unter den Pflanzen aus und mulchen dann im weiteren Verlauf des Sommers mit den oben genannten Materialien. Ideal geeignet ist Rasenschnitt, der ohnehin bei jedem Mähen anfällt.
- Bei Obstbäumen sollte die komplette Baumscheibe (die Fläche unterhalb der Krone, etwas größer als der Kronenradius) mit einer Mulchschicht bedeckt sein, die **insbesondere auf Wiesen dafür sorgt, dass das Gras nicht „einwandert“** und vor allem für Jungbäume eine Konkurrenz darstellt. Arbeiten Sie einen stickstoffhaltigen Dünger in das Mulchmaterial ein und bringen diesen auf diese Weise gleich mit aus.

Wie war das noch mal?!

1. Ab Mai hilft regelmäßiges oberflächliches Hacken dabei, die Bodenfeuchte zu erhalten.
2. Flach wurzelnde Unkräuter dabei gleich mit entfernen, tief wurzelnde Arten ausstechen.
3. Auf jeden Fall verhindern, dass Unkräuter zur Samenreife gelangen und sich so stark vermehren.
4. Alle offenen Beetflächen mit einer Mulchdecke versehen.
5. Zusätzlich unter Beerensträuchern sowie die Baumscheibe der Obstbäume mulchen.

Die Hauptsaison auf Balkonien beginnt

Jetzt wird der Balkon startklar gemacht

Spätestens wenn Mitte Mai die Eisheiligen vorüber sind, ist es Zeit, den Balkon endgültig zu bepflanzen – jetzt auch mit den frostempfindlichen Blumen, bei denen vorher die Gefahr bestand, dass sie in späten Frostnächten noch Schaden nehmen könnten.

Ist genug Platz da? In Sonne oder Schatten?

- Machen Sie sich vor der Auswahl und dem Kauf der Balkonpflanzen vor allem über zwei Dinge Gedanken: Wie sind die Lichtverhältnisse auf dem Balkon und wie viel Platz steht für die Pflanzen zur Verfügung? **Generell gilt nämlich für alle Pflanzen, dass sie zu dem vorgesehenen Standort passen müssen**: Sonnenliebende Pflanzen kränkeln im Schatten, und schattenliebende Pflanzen gedeihen nicht in der Sonne.
- Auf kleinen Balkonen kann zusätzlicher Platz gewonnen werden, indem man auch die vertikalen Flächen nutzt und rankende, kletternde oder hängende Pflanzen verwendet, die an Rankgerüsten, Wandspalieren, am Balkongeländer oder in Blumenampeln gut wachsen.
- Neben einjährigen blühenden Kletterpflanzen wie Kapuzinerkresse, Wicke oder Trichterwinde eignen sich auch viele Gemüse wie Erbsen, Bohnen, kleine Kürbisse oder kletternde Zucchini und Gurken, um den Balkon zu begrünen. Bei Gewächsen mit kleinen leichten Früchten und Blüten reichen als Kletterhilfe einige gespannte Seile oder Drähte, an denen die Ranken festgebunden werden. Großfrüchtige Pflanzen brauchen mehr Halt – dafür sind Gitter aus Holz oder Metall geeignet.

Große und kleine Gefäße

- Vor der Neubepflanzung sollten die Töpfe, Kästen und Kübel von grobem Schmutz befreit werden. Hartnäckige Kalkablagerungen lassen sich mithilfe einer Drahtbürste entfernen, oder Sie stellen den ganzen Topf in ein Wasserbad, mit Zitronensäure oder Essig.
- Füllen Sie bei größeren (höheren) Gefäßen **zunächst eine Drainageschicht aus Tonscherben oder Blähton** ein, damit sich das Gießwasser nicht in der Erde staut. Ton hat zudem die Fähigkeit, Wasser speichern und später wieder an die Erde abgeben zu können. Ein darüber gelegtes Trennvlies verhindert, dass die Erde in die Drainageschicht eingeschwemmt wird.
- Um in kleineren Gefäßen den Wasserhaushalt zu verbessern und ein schnelles Austrocknen zu verhindern, legen Sie zuunterst einen Streifen aus Schafwollfilz ein, welcher Wasser aufnehmen, speichern und gleichmäßig wieder an die Erde abgeben kann.
- Verwenden Sie **nur beste Blumenerde, denn sie bildet die Grundlage für gut gedeihende Pflanzen**. Ein guter Anhaltspunkt für die Qualität von Blumenerde ist tatsächlich der Preis: Billige Blumenerde kommt oft aus schlecht trennenden Kompostieranlagen und enthält deshalb häufig unerwünschte Rückstände. Außerdem ist ihre Speicherkapazität für Wasser schlechter als bei hochwertigen Erden. Aus Umweltschutzgründen sollte zudem auf die Verwendung von torffreier Erde geachtet werden.

Wenn stark durchwurzelte Topfballen vor dem Einpflanzen etwas gelockert werden, wächst die Pflanze besser an.

In die Erde, fertig, los!

- Lösen Sie die Pflanzen vorsichtig aus dem Topf, und achten Sie bei starker Durchwurzelung darauf, dass die Pflanze beim Austopfen nicht beschädigt wird. **Reißen Sie stark verfilzte Wurzelballen behutsam etwas auseinander** oder ritzen das Geflecht mit einem Messer längs ein. Dies regt die Wurzelneubildung an und erleichtert der Pflanze das Einwurzeln im neuen Gefäß.
- Der passende Abstand ist abhängig von Wüchsigkeit und Endgröße der Pflanze – und bei mehrjährigen Pflanzen wichtiger als bei Einjährigen, da sie länger als nur eine Saison im gleichen Gefäß wachsen werden. **Zu eng stehende Pflanzen konkurrieren um Wasser und Nährstoffe**, lassen eine schnelle Verbreitung von Krankheiten und Schädlingen zu und behindern sich im Wuchs.
- Füllen Sie die Zwischenräume mit Erde auf und drücken Erde und Pflanzen leicht an. Füllen Sie nicht zu viel Erde ein; es sollte noch etwas Platz bis zum Gefäßrand bleiben, sodass Gießwasser nicht überlaufen kann. Gießen Sie abschließend gut an, damit sich eventuelle Hohlräume schließen und die Wurzelballen rundherum

guten Bodenkontakt haben. Eventuell muss danach noch etwas Erde nachgefüllt werden.

Was alles auf dem Balkon gedeiht

Erdbeeren sind das ideale Balkonobst, da sie in Ampeln wachsen und somit keine Bodenfläche beanspruchen.

- Nach den Eisheiligen können Sie die einjährigen Sommerblumen aus eigener Anzucht auf dem Balkon auspflanzen. Wenn Sie die Pflanzen fertig kaufen, achten Sie auf einen **gut durchwurzelten Ballen, gesunde Blätter und einen kompakten verzweigten Wuchs**, der – passend zu den örtlichen Gegebenheiten – aufrecht, hängend oder kletternd sein kann.
- Die im Haus überwinterten mehrjährigen Pflanzen (wie Geranien, Begonien oder Fuchsien) können spätestens jetzt endgültig nach draußen geräumt werden. Am besten tun Sie das **während einer regnerischen Periode mit bedecktem Himmel**, um zu starker Sonneneinstrahlung vorzubeugen. Gleichzeitig hilft eine geschützte Stelle, Schäden durch Wind zu vermeiden.
- Viele mehrjährige winterharte Pflanzen wie Stauden, Rosen oder Gehölze (schwach- oder kleinwüchsige Arten und Sorten) sowie Zwiebelblumen eignen sich für die dauerhafte Bepflanzung von Gefäßen und können das ganze Jahr über mit Blüten-, Blatt- oder Fruchtschmuck zieren.
- Auch Kräuter und **verschiedene Gemüsepflanzen können auf dem Balkon angebaut werden**, vor allem solche, die wenig Platz beanspruchen bzw. in die Höhe wachsen (wie Paprika, Chili oder Gurken), schnell wachsen und reifen (wie Radieschen oder Zucchini) oder den ganzen Sommer über beerntet werden können (wie Pflücksalat oder Tomaten)
- Außerdem gibt es Obstgehölze und Beerensträucher, die aufgrund ihrer Wuchsform nur wenig Raum beanspruchen. **Speziell für den Anbau in Gefäßen gibt es auch sogenanntes Säulenobst**; eine schmale, aufrechte Baumform, die sich kaum verzweigt und nur sehr kurze Seitenäste bildet. Erdbeeren lassen sich gut in Ampeln anbauen (v. a. die zierlichen und lang tragenden Monatserdbeeren) und benötigen dann gar keine Stellfläche.

Wie war das noch mal?!

1. Die Balkonpflanzen anhand der Licht- und Platzverhältnisse auswählen.
2. Insbesondere auf kleinen Balkonen auch die vertikalen Flächen zur Bepflanzung nutzen.
3. Passende Gefäße und gute Erde auswählen.
4. Zuunterst eine Drainageschicht einfüllen oder ein wasserspeicherndes Vlies einlegen
5. Nicht zu eng pflanzen, den Ballen gut andrücken und durchdringend gießen, damit sich die Erde setzt.
6. Neben Blumen und Kräutern eignen sich auch viele Gemüse- und Obstpflanzen für den Balkon.

Die ärgsten Feinde: Schnecken und Blattläuse

Schädlinge bekämpfen, aber ohne Chemie

Spätestens im Mai ist mit einem verstärkten Aufkommen von Schnecken zu rechnen, die die frisch austreibenden Pflanzen in Gemüse- oder Blumenbeet bedrohen. Auch Blattläuse fallen jetzt in Scharen in die Gärten ein und können größere Schäden anrichten.

Lausige Zeiten

- Blattläuse zählen zu den bedeutendsten Schädlingen im Garten. Vor allem bei warmer, trockener Witterung vermehren sie sich epidemieartig und bevölkern Triebe, Knospen und Blätter fast aller Nutz- und Zierpflanzen. **Sie ernähren sich überwiegend von den kohlenhydratreichen Pflanzensäften**, die sie mit ihren langen Saugrüsseln direkt aus den Leitungsbahnen entnehmen. Die Hauptbefallszeit ist das späte Frühjahr und der Frühsommer.
- Durch das Anstechen des Pflanzengewebes **kräuseln sich die Blätter zusammen**, **Knospen entfalten sich nicht**, **Triebe verkümmern**, und das Wachstum insgesamt wird gehemmt. Außerdem können Blattläuse während des Saugens Viruskrankheiten von einer Pflanze zur nächsten übertragen, etwa das Kartoffelmosaikvirus.
- Zusätzlicher Schaden entsteht dadurch, dass Blattläuse ein zuckerhaltiges Exkrement ausscheiden, den sogenannten Honigtau, der die Blätter mit einem klebrigen Film überzieht und zu Verschmutzungen durch Staub sowie der Besiedlung mit Pilzsporen führt. Die zur Fotosynthese fähige Blattfläche wird dadurch verringert und das Pflanzenwachstum beeinträchtigt.

Bekämpfung: direkt oder indirekt

- Zur Bekämpfung von Blattläusen gibt es verschiedene ökologisch unbedenkliche Methoden. Dabei ist immer zu beachten, dass Spritzmittel nicht bei direkter Sonneneinstrahlung ausgebracht und **insbesondere die Blattunterseiten benetzt werden**, da dort die meisten Tiere sitzen.
- Bei leichtem Befall genügt oftmals schon das Abspritzen der Pflanze mit einem harten Wasserstrahl. Ein altes Hausmittel bei mittlerem Befall ist eine **Lösung aus Schmierseife** ohne synthetische Inhaltsstoffe (Neutralseife). Lösen Sie dazu einen kleinen Klecks in lauwarmem Wasser auf – am besten direkt in einer Sprühflasche – und besprühen täglich die betroffenen Pflanzenteile. In vielen Fällen, etwa bei den Balkonpflanzen, ist diese Maßnahme völlig ausreichend. Decken Sie gegebenenfalls das Erdreich ab, um einen größeren Eintrag der seifigen Lösung zu verhindern.
- Alternativ können **Pflanzenbrühen aus Brennnesseln oder Wurmfarn** helfen. Weichen Sie 1 kg Pflanzenmasse mindestens 24 Stunden lang in 10 l Wasser ein und verwenden Sie die entstandene Brühe unverdünnt. Füllen Sie sie durch ein Sieb in das Spritzgerät, damit nicht die Düse verstopft.
- Bei stärkerem Befall haben sich **Extrakte des Niembaums** bewährt. Sie haben eine breit gefächerte Wirkung auf eine Vielzahl von Schädlingen, ohne dabei Nützlinge zu gefährden. Entsprechende Mittel sind im Handel erhältlich.
- Eine indirekte Bekämpfung kann mithilfe der natürlichen Fraßfeinde der Blattlaus erfolgen, sogenannten Nützlingen. Dazu zählen Marienkäfer und ihre Larven, die Larven von Schweb- und Florfliege, Schlupfwespen oder Ohrwürmer. **Locken Sie diese tierischen Helfer in Ihren Garten**, indem Sie dort Plätze zum Nisten und Überwintern sowie Futterpflanzen anbieten (Seite 203).

MANUFACTUM-TIPP

Richtig gedüngte Pflanzen sind widerstandsfähiger gegen den Befall mit Schädlingen als solche, die entweder Mangel leiden (und dadurch insgesamt geschwächt und anfällig sind) oder mit zu viel Dünger (vor allem Stickstoff) versorgt sind und dadurch „mastiges" weiches Gewebe ausbilden, welches von Schädlingen leicht befallen werden kann.

Was mögen Schnecken nicht? Das tun!

Ein kleiner „Zaun" aus Kupfergewebe wehrt materialbedingt Schnecken ab.

- Legen Sie die Gemüse- und Blumenbeete an einem freien sonnigen Platz an – und nicht neben Komposthaufen, Hecken oder „wilden" Ecken im Garten. Dort finden Schnecken tagsüber Unterschlupf und könnten abends direkt in die Beete kriechen. **Entfernen Sie rund um die Beete Versteckmöglichkeiten für Schnecken** (hohes Gras, altes Laub, Holzstücke, Erdklumpen oder Erdlöcher), oder suchen Sie solche Stelle gezielt ab und entfernen Tiere sowie Eigelege. Achten Sie beim Verteilen von Kompost darauf, dass keine Schneckeneier (runde weiße Kügelchen) mit ausgebracht werden.
- Obwohl das abendliche Gießen von Vorteil ist, weil es den Wasser-

verlust durch Verdunstung gering hält, ist es bei starkem Schneckenaufkommen besser, morgens zu gießen. Die Tiere verlassen erst gegen Abend ihre Verstecke und würden in einem feuchten Beet viel bessere Bedingungen vorfinden als in einem trockenen. Von Vorteil ist auch ein ganz gezieltes Gießen (mit einer Kanne direkt in den Wurzelbereich der Pflanzen) anstatt mit einem Regner die komplette Bodenfläche zu befeuchten.

- Wächst Gras rund um die Beete, halten Sie dieses sehr kurz. Besser ist es, dort Wege anzulegen und mit einem **trockenen, gerne auch scharfkantigen Material** wie Holzhäcksel, Split oder Muscheln zu belegen.

Igel sind natürliche Fraßfeinde von Schnecken und sollten deshalb in jedem Garten heimisch sein.

Den Einmarsch der Schnecken aufhalten

- Hilft das alles nicht, muss ein **lückenloser Schneckenzaun** rund um die Beete gezogen werden. Kontrollieren Sie die Fläche noch einige Zeit, auch nachdem der Zaun aufgestellt wurde, oder legen Sie feuchte Bretter aus (unter denen die Tiere tagsüber Unterschlupf suchen), um sie vollständig aus dem Areal zu entfernen. Schneckenzäune aus Stahl oder Kunststoff müssen einen weit nach außen übergebogenen Rand aufweisen, der die Tiere am Überklettern hindert. Zäune aus Kupferblech kommen mit einem glatten Profil aus, da Schnecken in der Regel den Kontakt mit Kupfer meiden.
- Schützen Sie wertvolle Einzelpflanzen (etwa ein besonderer Rittersporn) direkt nach der Pflanzung oder mit beginnendem Austrieb mit einem Schneckenring, der über die Pflanze gestülpt wird.
- Eine **dicke Schicht Sägemehl** zwischen Erdbeerreihen, rund um junge Bohnenpflanzen oder austreibende Dahlien gestreut, hält Schnecken fern. Beachten Sie dabei, dass Sägemehl Stickstoff bindet und dies bei der Düngung berücksichtigt werden muss.
- Fördern Sie die **natürlichen Feinde** wie Igel, Vögel, Blindschleichen, Kröten oder Laufkäfer, indem Sie diesen Tieren Nistmöglichkeiten und Unterschlupf bieten. Dazu gehört, den Garten nicht zu sehr „aufzuräumen" und – am besten am Grundstücksrand – Laub-, Reisig- und Steinhaufen anzulegen.

Wie war das noch mal?!

1. Blattläuse treten vor allem im späten Frühjahr und Frühsommer massenhaft auf.
2. Je nach Befallsstärke mit hartem Wasserstrahl, einer Seifenlösung oder Pflanzenbrühe behandeln.
3. Auch die Förderung der natürlichen Fraßfeinde hilft effektiv bei der Lausabwehr.
4. Schnecken keine Unterschlupfmöglichkeiten bieten und Beete an freien sonnigen Plätzen anlegen
5. Möglichst gezielt gießen und nicht die komplette Bodenfläche beregnen.
6. Schneckenzäune um Beete oder Einzelpflanzen dienen der mechanischen Abwehr.

Helfer beim biologischen Pflanzenschutz

Als **Nützlinge** werden in Gartenbau und Landwirtschaft die natürlichen Gegenspieler der sogenannten Schädlinge (die aufgrund ihrer Lebensweise die vom Menschen kultivierten Pflanzen schädigen) bezeichnet. Sie ernähren sich von Insekten, Raupen oder Schnecken und tragen damit auf natürlichem Wege zum Gedeih der Kulturpflanzen bei. Als ökologisch wirtschaftender Gärtner tun Sie also gut daran, diese nützlichen Tiere im Garten anzusiedeln und ihren Fortbestand durch ein Angebot an Nahrung, Unterschlupf und Winterquartieren zu fördern. Beispielhaft sind im Folgenden einige der wichtigsten Nützlinge porträtiert.

Die Florfliege ist nicht nur extrem nützlich, sondern mit ihren fein gemusterten Flügeln und goldenen Augen auch sehr hübsch.

Die Florfliege

Ihre Larve ist ein Meister im Kampf gegen Blattläuse; im Volksmund heißt sie deshalb auch „Blattlauslöwe". Während ihrer zwei- bis dreiwöchigen Wachstumszeit frisst sie etwa 500 Läuse, oft auch deutlich mehr. Die adulten Tiere ernähren sich zusätzlich von Blutläusen, Thripsen, Milben und kleineren Raupen. Sie sitzen tagsüber in Hecken und Säumen und fliegen ab der Dämmerung auf die umliegenden Kulturpflanzen. Um Florfliegen anzulocken und zu ernähren, sollten Sie auf chemische Bekämpfungsmaßnahmen im Garten verzichten und Wildblumenmischungen aussäen.

Der Ohrwurm

Ohrwürmer sind die natürlichen Gegenspieler von Blattläusen, Spinnmilben und kleineren Raupen. Sie sind überwiegend nachtaktiv und verbringen den Tag in Mauerritzen oder unter Hölzern und Steinen. Erwachsene Tiere verzehren bis zu 120 Läuse pro Nacht. Ein mit Heu, Stroh oder Holzwolle gefüllter Tontopf kann ihnen

tagsüber als willkommener Unterschlupf dienen – wird dieser direkt in einen Obstbaum oder eine hohe Kletterrose gehängt, sind die nachts ausschwärmenden Tiere gleich „vor Ort".

Die Fledermaus

Fledermäuse sind nachtaktive Säugetiere, die zahlreiche (ebenfalls nachtaktive) Schädlinge wie Falter, Spanner, Wickler, Schnaken oder Mücken vertilgen. Tagsüber hängen sie kopfüber in ihrem Unterschlupf: in Fels-, Erd- oder Baumhöhlen, Felsspalten, aber auch in unbewohnten Gebäuden wie Scheunen oder Speichern. Solche Plätze werden aber immer seltener, weshalb die Anbringung eines Fledermauskastens eine der wichtigsten Maßnahmen zur Ansiedlung von Fledermäusen im Garten ist.

Der Igel

Er ist einer der ganz wenigen Verbündeten im Kampf gegen Schnecken – und sollte allein schon deshalb in jedem Garten einen Unterschlupf finden. Zudem frisst er Larven, Raupen und zahlreiche Insekten. Der Igel benötigt einige „unaufgeräumte" Gartenplätze mit Laub- oder Totholzhaufen, die während des ganzen Jahres als Unterschlupf für den Tag, vor allem aber als frostgeschütztes Quartier für die Zeit des Winterschlafs dienen.

Der Marienkäfer

Er ist einer der bekanntesten Nützlinge, der sich als Larve wie auch als Käfer von Blattläusen (bis zu 150 pro Tag), Spinnmilben und anderen (Schad-)Insekten ernährt. Er benötigt geeignete Lebensraumstrukturen: naturnahe Wiesen und Heckensäume, die auch passende Überwinterungsquartiere in Laub, Gras, Rindenspalten oder unter (Kiesel-)Steinen bieten.

Der Marienkäfer ist ein sehr erfolgreicher Blattlausjäger; sowohl als ausgewachsener Käfer wie auch im Larvenstadium.

Mein

Sommer

Jetzt reifen die Beeren, Blumenbeete und Staudenrabatten laufen zu Hochform auf und im Gemüsegarten wächst es kräftig. Jäten, gießen, hacken und pflücken sind in diesen Monaten teilweise täglich anfallende Arbeiten – versüßen lassen sie sich mit frischen Himbeeren direkt vom Strauch und den schönsten Sommersträußen für die Vase.

Treulose Tomaten? Das muss nicht sein!

Mit optimaler Pflege zu reicher Ernte

Egal ob auf dem Balkon, der Terrasse oder im Garten: Um den Tomaten eine reiche Ernte zu entlocken, benötigen sie von Juni bis September regelmäßige Pflege. Sie müssen gedüngt, gewässert, gestützt und ausgegeizt werden – und die Bestäubung muss klappen.

Was soll das (Aus-)geizen?

- Die am häufigsten vorkommende Wuchsform bei Tomaten ist die sogenannte Stabtomate. **Sie wird eintriebig gezogen** und muss, da sie oft mehr als 2 m hoch wird, fortlaufend an einem Stab, Gerüst, gespannten Drähten oder Schnüren angebunden werden.
- Um bei Stabtomaten die gewünschte schmale und aufrechte Wuchsform zu erhalten, entfernen Sie sorgfältig und so früh wie möglich die sich in den Blattachseln bildenden Seitentriebe. Entweder knipsen Sie sie mit den Fingernägeln ab oder brechen sie seitlich heraus.
- Dieses sogenannte **Ausgeizen verhindert, dass sich die Tomate stark verzweigt, viele Triebe und eine große Blattmasse bildet** und damit sehr dicht wird. Solche Pflanzen sind schlecht durchlüftet, und die Blätter können nach Regen nur langsam wieder abtrocknen – das sind beides Faktoren, die zu einem verstärkten Befall und der Verbreitung von Schadpilzen führen können. Zu starkwüchsige Pflanzen können außerdem eine zu große Menge an Früchten ansetzen, die dann nicht ausreichend mit Wasser und Nährstoffen versorgt werden, klein bleiben, schlecht reifen und geschmacklich nicht überzeugen.

Insbesondere bei Stabtomaten ist das regelmäßige Ausgeizen nötig für einen schmalen und übersichtlichen Wuchs.

Ohne Bestäubung läuft nichts

- Nicht immer setzen die Tomatenpflanzen trotz vieler Blüten auch Früchte an. Der Grund dafür ist, dass die Blüten nicht bestäubt wurden. Tomaten sind Selbstbefruchter, was bedeutet, dass für eine erfolgreiche Bestäubung **der Pollen einer Blüte innerhalb der gleichen Pflanze auf die Narbe einer anderen Blüte gelangen muss**. Dies geschieht bei der Tomate hauptsächlich durch Hummeln, Bienen und Wildbienen, die während ihrer Nahrungssuche die Blüten in Vibration versetzen und so das Ausfallen der Pollen aus den Staubbeuteln verursachen.
- Auch stärkere Luftbewegungen können diesen Effekt verursachen. Vor allem in Gewächshäusern herrscht aber oft nur eine geringe Luftzirkulation, und der Insektenflug ist eingeschränkt. Um trotzdem eine gute Bestäubung zu gewährleisten, sollte im Gewächshaus täglich kräftig gelüftet werden.

MANUFACTUM-TIPP

In windgeschützten Nischen auf dem Balkon können Bestäubungsprobleme auftreten. Sie können Abhilfe schaffen, indem Sie die Tomatenpflanzen leicht rütteln. So wird der Pollen aus den Blüten geschüttelt. Am besten in den Mittagsstunden bei sonnigem Wetter, dann stäubt der Pollen optimal. Wer ganz sichergehen möchte, kann auch mit einem Pinsel den Pollen von einer Blüte auf die andere übertragen.

Ausreichend düngen und gießen

- Tomaten sind sogenannte **Starkzehrer, die für ein gesundes Wachstum viel Dünger benötigen**. Ab Mitte Juni sollte deshalb regelmäßig stickstoffbetont gedüngt werden. Die Tomate befindet sich nun nämlich in der Hauptwachstumszeit; sie wächst rasant und bildet schnell viele Blätter und Früchte, die ausreichend versorgt werden müssen. Hierfür eignet sich vor allem Brennnesseljauche (Seite 63) oder ein anderer leicht löslicher organischer Dünger mit hohem Stickstoffgehalt.
- Flüssige Dünger wie Jauche gießen Sie einfach mit einer Gießkanne (ohne Brausekopf) direkt an den Fuß der Tomatenpflanze. Wenn Sie trockenen Dünger verwenden, streuen Sie diesen am Fuß der Pflanze auf die Erde und harken ihn leicht ein. Anschließend sollte gegossen werden, damit der Dünger in den Boden eingeschwemmt wird, sich schnell löst und seine Nährstoffe freisetzt.
- Aufgrund der großen Blattmasse haben Tomaten einen hohen Wasserbedarf. Gießen Sie die Tomaten deshalb regelmäßig und ausreichend. Eine **gleichmäßige Wasserversorgung ist auch wichtig**, um das Aufplatzen der Früchte zu verhindern. Es gibt diesbezüglich empfindlichere Sorten, aber auch solche mit weitgehend platzfesten Früchten.
- Tomatenpflanzen dürfen nicht von oben beregnet werden. **Bringen Sie das Gießwasser am Fuß der Pflanze ganz gezielt** direkt auf den Boden aus, ohne dass dabei Erde aufspritzt. Dazu eignet sich am besten eine Kanne ohne Gießbrause. Zum einen kann so das Gießwasser ohne Verluste genutzt werden, vor allem aber bleiben

Tomaten benötigen über die gesamte Saison ausreichend Dünger; am besten einen organischen, stickstoffbetonten.

die Blätter der Tomatenpflanze trocken, sodass eine Infektion mit Braunfäule erschwert oder sogar verhindert wird. Aus dem gleichen Grund sollten Tomatenpflanzen auch möglichst überdacht stehen. Ausnahme sind nur die unempfindlichen und weitgehend braunfäuleresistenten Sorten, die für den Freilandanbau geeignet sind, etwa 'Golden Currant', 'De Berao' oder 'Tigerella'.

Mit Braunfäule befallene Pflanzen(teile) müssen sofort entfernt werden, damit sich der Pilz nicht weiter ausbreitet.

Braunfäule vorbeugen

- Die häufigste Krankheit bei Tomaten ist die sogenannte **Braunfäule**. Sie wird durch den Schadpilz *Phytophthora infestans* verursacht. Der Pilz überdauert im Boden, und die Infektion erfolgt über Pilzsporen, die sich in der Erde rund um die Tomatenpflanze befinden. Spritzt beim Gießen und durch Regen Erde auf die untersten Blätter, und sind diese feucht, können die Sporen in das Pflanzengewebe eindringen. Ihr Wachstum im Pflanzeninneren führt dann zu einem **rapiden Braunwerden und Absterben der Triebe**, Blätter und Früchte.
- *Phytophthora infestans* führt auch bei Kartoffeln zur Kraut- und Knollenfäule. Pflanzen Sie aus diesem Grund in Ihrem Garten Tomaten und Kartoffeln nicht nebeneinander an, da es sonst zu einer gegenseitigen Ansteckung mit dem Pilz kommen könnte.
- Bei allen Arbeiten an der Pflanze sollte deshalb auch immer auf einen eventuellen Befall mit Braunfäule geachtet und **betroffene Blätter und Früchte sofort entfernt werden**. Geben Sie diese aber keinesfalls auf den Kompost, sondern entsorgen sie am besten über den Hausmüll. Folgt auf eine feuchtwarme Periode (in der sich der Braunfäulepilz besonders gut verbreitet) wieder trockene Witterung, erholen sich die Pflanzen häufig wieder und bringen gesunde Früchte hervor.
- Zum Schutz vor Braunfäule können Sie **die Pflanzen etwa ab Ende Juli von unten her entblättern**, damit der Bestand nicht zu dicht wird. Dies geht meist sehr gut mit den Händen; die Triebe dürfen aber nicht durch lang abreißende Blätter beschädigt werden. Sind die Blätter gesund, können sie einfach auf dem Boden unter den Pflanzen als Mulch liegen bleiben.

Wie war das noch mal?!

1. Pro Pflanze maximal zwei Triebe stehen lassen und fortlaufend anbinden.
2. Die Seitentriebe in den Blattachseln so früh wie möglich entfernen (ausgeizen).
3. Auf einen guten Fruchtansatz hin kontrollieren, gegebenenfalls bei der Bestäubung nachhelfen.
4. Ab Juni regelmäßig stickstoffbetont düngen.
5. Auf eine gleichmäßige Wasserversorgung achten, regelmäßig gießen.
6. Die Pflanzen auf Pilzbefall (Braunfäule) kontrollieren, empfindliche Sorten vor Regen schützen.

Mit Pflanzen Pflanzen düngen

Selbst gemacht: flüssiger Dünger aus Brennnessel, Beinwell & Co.

Pflanzenjauchen sind wirksame und rein pflanzliche Düngemittel, die zudem nichts kosten, da man sie einfach selbst herstellen kann. Sie sorgen für ein kräftiges Wachstum bei Tomate, Gurke oder Kohl und können außerdem kräftigend oder insektenabwehrend wirken.

Eine Brühe oder Jauche aus Rainfarn hilft im Garten bei der Schädlingsabwehr.

Welche Pflanzen eignen sich?

- **Brennnessel**: Ihre Blätter enthalten sehr viel Stickstoff, deshalb wird Brennnesseljauche vor allem zur Düngung verwendet. Sie erhöht außerdem die Widerstandskraft der behandelten Pflanze und wirkt, direkt auf die Blätter und Triebe ausgebracht, auch insektenabwehrend.
- **Beinwell**: Auch Beinwelljauche ist ein guter Stickstoffdünger. Zusätzlich sind größere Mengen Kalium enthalten; ein Nährstoff, der für die Bildung von Blüten und Früchten wichtig ist.
- **Ackerschachtelhalm**: Aufgrund des hohen Gehalts an Kieselsäure wirken Mittel aus Schachtelhalm vorbeugend gegen Pilzkrankheiten. Die Kieselsäure kräftigt die Blätter der behandelten Pflanze und erschwert so eine Infektion durch Schadpilze wie Mehltau oder Rost.
- **Wermut**: Das Kraut wirkt schädlingsabwehrend; je nach Anwendungszeit und Verdünnung gegen Blattläuse, Raupen, Ameisen, Apfelwickler oder Brombeermilben.
- **Farnkraut**: Brühe und Jauche aus dem Kraut von Wurm- und Adlerfarn wirken abwehrend gegen Schild-, Schmier- und Blutläuse. Adlerfarn enthält zudem viel Kalium.
- **Rainfarn**: Auch Rainfarn hat eine schädlingsabwehrende Wirkung, etwa gegen Brombeermilben, Himbeerkäfer, Erdbeerblütenstecher und Blattwespen.

Brennnesseljauche: So wird's gemacht

- Das wichtigste Utensil für die Jaucheherstellung ist ein taugliches Gefäß. Fässer und Eimer aus Kunststoff oder Holz sowie Steinguttöpfe sind gut geeignet. Metallgefäße sollten dagegen nicht verwendet werden, da die gärende Jauche pflanzenschädliche Stoffe aus dem Material lösen könnte. Brennnesseln können **vom Austrieb im Frühjahr bis zum Samenansatz im Sommer** verwendet werden; eine spätere Ernte lohnt nicht mehr, da der Gehalt nutzbringender Inhaltsstoffe dann stark nachlässt.
- Füllen Sie das Gefäß etwa zur Hälfte mit den grob zerkleinerten Blättern und Stängeln, und gießen Sie mit Regenwasser oder abgestandenem Leitungswasser bis etwa 10 cm unter den Gefäßrand auf – nicht mehr, da die Jauche während der Gärung aufschäumen wird. An einem sonnigen Platz kommt der Prozess dann recht schnell in Gang. Um eine genügende Sauerstoffzufuhr zu gewährleisten, sollte die Mischung möglichst einmal am Tag kräftig umgerührt werden. **Riecht es zu streng, schafft Gesteinsmehl Abhilfe**: Streuen Sie eine gute Handvoll hinein und rühren gut durch.
- Während des Gärprozesses bleibt das Gefäß offen, um eine Luftzirkulation zu ermöglichen. Decken Sie die Öffnung aber mit einem Gitter ab, damit keine Tiere in die Behälter fallen können. Alternativ können Sie auch einen Pfosten hineinstellen, an dem sich verunglückte Tiere festhalten oder wieder hinausklettern können.
- Die Jauche ist **fertig zum Gebrauch**, **wenn sie nicht mehr schäumt und eine braune Farbe angenommen hat**. Dies ist, je nach Witterung, nach zwei bis drei Wochen der Fall. Legen Sie nun dauerhaft einen Deckel auf, dann hält sich die Jauche bis zum Ende der Gartensaison. Vor dem Beginn der Frostperiode sollte der Behälter komplett entleert und etwaige Reste noch über den Kompost oder unter Beerensträuchern verteilt werden.
- Für Gärtner, die auf kleiner Fläche mit direkt angrenzenden Nachbarn oder auf Balkon oder Terrasse wirtschaften, eignen sich fertige, konzentrierte Extrakte, die nur noch mit Wasser verdünnt werden müssen. Es können dann kleinere Behältnisse verwendet werden, und eine Geruchsbelästigung ist kaum zu befürchten.

Erst verdünnen, dann verteilen

- Die fertige Brennnesseljauche ist eine **hoch konzentrierte Düngelösung, die nur verdünnt verwendet werden darf**. Würde man sie pur ausbringen, wären sogenannte Verbrennungen die Folge: Trotz ausreichender Wasserversorgung welken die gedüngten Pflanzen, weil sie nicht in der Lage sind, aus einem derart überver-

MANUFACTUM-TIPP

Brennnessel und Beinwell eignen sich hervorragend als Mulchmaterial. Die grob zerkleinerten und leicht angewelkten Blätter werden als dünne Schicht auf den Boden gestreut und schützen ihn so vor Austrocknung und Starkregen. Der mineralstoffreiche Beinwell ist besonders gut für Tomaten geeignet, Brennnesselblätter sind bestes „Regenwurmfutter“ und tragen damit indirekt zur Verbesserung des Bodens bei.

Solange Brennnesseln noch keine Samen angesetzt haben, können sie für das Ansetzen einer Jauche geerntet werden.

sorgten Boden Wasser aufzunehmen. Die vielen Nährstoffe „halten das Wasser im Boden fest“.

- Verdünnen Sie also die fertige Jauche vor der Verwendung mit Wasser. In den meisten Fällen ist das Verhältnis 1:10 passend; für Pflanzen mit geringerem Nährstoffbedarf ist eine 1:20-Verdünnung ausreichend.
- Flüssige Düngemittel, also auch Pflanzenjauchen, können auf zwei Arten ausgebracht werden: als „normale“ Düngung auf den Boden oder als Blattdüngung direkt auf die Pflanze. Bei der **Bodendüngung** gießen Sie die Jauche mit einer Gießkanne ohne Brause direkt in den Wurzelbereich der Pflanzen. Für eine **Blattdüngung** verwenden Sie eine Kanne mit Brausekopf, damit sich die Flüssigkeit besser über die Pflanze verteilt. Verwenden Sie beim Einfüllen der Jauche ein Sieb, damit Schwebstoffe und Pflanzenreste nicht die Löcher der Gießbrause verstopfen.

Dass der Gärungsprozess in Gang kommt, erkennt man am Aufschäumen der Flüssigkeit.

Futter für hungrige Pflanzen

- Aufgrund der hohen Nährstoffgehalte sind Pflanzenjauchen **besonders geeignet, um die sogenannten Starkzehrer im Garten zu versorgen** – ohne dabei viel Geld für Dünger ausgeben zu müssen. Starkzehrer sind Pflanzen mit besonders großem „Hunger“, da sie über die Saison eine beachtliche Blattmasse und/oder viele Früchte bilden. Sie müssen dauerhaft mit genügend Nährstoffen versorgt sein, damit es nicht zu Mangelerscheinungen oder Wachstumsstockungen kommt.
- Versorgen Sie diese Pflanzen daher **ab Juni bis zum Ende der Wachstumszeit** mehrmals mit einer stickstoffhaltigen Kräuterjauche; je nach Pflanzengröße entweder als Blattdüngung oder als Düngegabe auf den Boden.
- Starkzehrer im Gemüsegarten sind beispielsweise fast alle Kohlarten (Wirsing, Weiß-, Rot-, Blumen-, Rosen- und Chinakohl), Gurken, Kartoffeln, Tomaten, Zucchini, Kürbis, Lauch, Sellerie und Rhabarber.
- Im Ziergarten gelten Dahlien, Rittersporn, Indianernessel, Sommerphlox, Sonnenbraut, Chrysanthemen oder Hortensien als besonders hungrig.

Wie war das noch mal?!

1. Geeignete Pflanzen zur Verjauchung ernten und klein schneiden.
2. Ein passendes Gefäß mit Pflanzenmaterial und Wasser füllen.
3. Möglichst einmal täglich kräftig umrühren.
4. Dafür sorgen, dass keine Tiere in dem offenen Gefäß ertrinken können.
5. Die fertige Jauche im richtigen Verhältnis mit Wasser verdünnen.
6. Mit einer Gießkanne ohne Brause ausbringen, um vor allem Starkzehrer damit zu versorgen.

Spielend lernen – Gärtnern mit Kindern

Gärten sind ideale Orte für Kinder, um die Natur hautnah zu erleben und (gemeinsam mit ihren Eltern) dort etwas Eigenes zu schaffen. Ob beim Säen oder Ernten, beim Graben im Boden oder beim Pflegen der Pflanzen: Immer gibt es etwas zu entdecken, überall kann nach Herzenslust experimentiert werden. Bei der Arbeit im Garten können Sie die Kinder auf unterhaltsame Weise fördern, denn **hier sind alle Sinne angesprochen und werden auf spielerische Weise geschult**: Welche verschiedenen Blattformen gibt es? Wie fühlt sich ein Regenwurm an? Wie riecht frisch gemähtes Gras und wie der Boden, wenn es regnet? Welcher Vogel singt da und kann ich ihn im Baum entdecken? Schmecken rote und gelbe Himbeeren unterschiedlich?

Um den kindlichen Enthusiasmus aber nicht gleich im Keim wieder zu ersticken, ist es wichtig, dass die Kleinen genauso gut ausgestattet sind „wie die Großen“: mit „richtigem“ Werkzeug und nicht mit Spielzeug, das ständig zu verbiegen, zerbrechen oder zu zersplittern droht und die Arbeit eher erschwert, anstatt sie zu erleichtern.

Meine Radieschen sind reif! Aber warum ist das eine viel größer als das andere?

Fürs Leben lernen

Im Garten kann viel nützliches Wissen auf eingängige Art und Weise vermittelt werden – und dies nicht als graue Theorie, sondern gleich im praktischen Tun, in der Umsetzung und Anwendung. Vielleicht noch wichtiger sind aber einige Fähigkeiten, die Sie den Nachwuchsgärtnern dabei fast automatisch mitgeben können: das **kreative Lösen von Fragestellungen** (wo sollten im Herbst die Tulpenzwiebeln eingepflanzt werden, damit sie im nächsten Frühjahr besonders schön zur Geltung kommen?), den **Umgang mit Misserfolgen** und Enttäuschungen (starker Sommerregen hat die selbst gesäten Blumen abgeknickt, die Schnecken haben den Salat vernichtet), **Verantwortung für ein Projekt** tragen (ein eigenes kleines Beet anlegen und pflegen) oder die Ausbildung einer gewissen **Empathie für die Natur** – auch für die „iiiihhh ekligen" Krabbeltiere, deren Nutzen und Daseinsberechtigung bei der Arbeit im Garten schnell offenbar werden.

Aus den eklig-glitschigen Regenwürmern werden im Garten bald Verbündete. Vorsichtig transportieren!

Nur Geduld

Mit etwas Vertrauen in ihre Fähigkeiten können Kinder viele Dinge im Garten genauso tun wie die Erwachsenen. Eines haben die Großen ihnen aber meist voraus: Ausdauer. Zum Gärtnern braucht es viel Geduld und Durchhaltevermögen: Samen müssen keimen, Pflanzen müssen wachsen, Obst muss reifen. All diese Vorgänge dauern eine bestimmte Zeit und laufen meist so langsam ab, dass nur über längere Zeiträume Veränderungen wahrnehmbar sind. Nicht einmal den Radieschen kann man beim Wachsen zusehen …
Dennoch sind die kleinen Rüben, wie auch Kresse oder Basilikum, besonders **gut geeignete Pflanzen für das Kinderbeet, denn sie keimen verhältnismäßig schnell** und sind robust und anspruchslos. Wählen Sie für die kleinen Gärtner zudem Pflanzen aus, die staunenswert riechen (nach Schokolade oder Cola!), ungewöhnliche Farben tragen (Mais, dessen Körner rot, orange oder violett werden), süße und saftige Früchte tragen, die immer wieder nachwachsen (etwa Monatserdbeeren), die sich sogar bewegen (wie die Mimose) oder die mit einem besonderen Wuchs begeistern (die Erdnuss wächst erst in die Höhe und biegt den Trieb, sobald die Blüte bestäubt ist, komplett herum, um ihn in die Erde zu versenken und dort die Nuss zu bilden).

In den Mund oder in die Marmeladengläser

Erdbeeren ernten und verwerten

Im Erdbeermonat Juni steht die Haupternte der leckeren Früchte an. So schmackhaft Erdbeeren sind, so empfindlich sind sie aber oft auch. Wenn Sie bei der Ernte allerdings einige einfache Regeln beherzigen, steht dem vollen Genuss nichts im Wege.

Mit Vorsicht ... zu ernten

- Ernten Sie Erdbeeren am besten morgens bei trockenem, sonnigem Wetter, da der Gehalt an wertvollen Inhalts- und Geschmacksstoffen dann am höchsten ist. Nach einer längeren Regenperiode sollte nicht geerntet werden. Die Früchte sind dann oft sauer und geschmacklos und sollten hängen bleiben, bis sie wieder einige Sonnentage erlebt haben. **Pflücken Sie immer nur die vollreifen Früchte.**
- Zur Erdbeerernte sind eher kleine und flache Behältnisse am besten geeignet, in denen die druckempfindlichen Früchte möglichst nur in einer Lage liegen. Am aromatischsten sind nämlich nicht unbedingt die makellosen farbigsten Früchte, sondern in der Regel die weichhäutigen Sorten wie etwa 'Mieze Schindler'. Solche Früchte sind aber sehr empfindlich und kaum transportierbar (und daher im Handel auch nicht erhältlich). Bei baldiger Verwertung in der eigenen Küche fällt dieser Nachteil hingegen nicht ins Gewicht.
- Erdbeeren sollten **immer mit Blattkelch gepflückt und möglichst nicht gewaschen werden**, damit sie Saft und Aroma besser halten. Eine Lage Stroh unter den Pflanzen hilft dabei, saubere Früchte ernten zu können.

Gleich alles aufessen oder verarbeiten?

- In kleineren Gärten wird die Erdbeerernte meist direkt verspeist: sei es ganz pur „von der Hand in den Mund“, als Dessert mit Eis, Quark, Milch oder Sahne oder als Kuchenbelag. Wer aber ein größeres Erdbeerbeet sein eigen nennt, erntet bei schönem Wetter auch häufig mehr als am selben Tag gegessen werden kann und muss die Früchte deshalb haltbar machen. Beachten Sie dabei Folgendes:
- **Gepflückte Erdbeeren sollten möglichst rasch verarbeitet werden**. Sie sind nur kurz lagerfähig und schimmeln schnell; am besten ist es, sie ungewaschen und bei 0–2 °C zugedeckt im Kühlschrank aufzubewahren.
- Vermeiden Sie es nach Möglichkeit, Erdbeeren zu waschen. Sind die Früchte aber stärker mit Erde beschmutzt, waschen Sie sie erst unmittelbar vor der Verarbeitung; nur kurz und vorsichtig, damit sie nicht an Saft und Aroma verlieren. **Entfernen Sie deshalb auch die Blattkelche erst nach dem Waschen**.
- Die rote Farbe der Erdbeeren ist beim Kochen nicht sehr stabil; vor allem die Sorten, die innen weiß und hohl sind, verblassen unter Hitzeeinwirkung noch stärker. Soll die Erdbeermarmelade, die Erdbeersoße oder das Fruchtpüree eine schöne rote Färbung erhalten, können Sie andere rote Früchte wie Himbeeren, Johannisbeeren oder Sauerkirschen in geringen Mengen untermischen.

MANUFACTUM-TIPP

Klassische Erdbeerzeit sind die Monate Juni und Juli. Wenn Sie aber auch Monatserdbeeren oder mehrfach tragende (remontierende) Sorten wie die ‘Mara des Bois’ pflanzen, können Sie die Saison bis zum ersten Frost verlängern.

Kuchen oder Konfitüre?

- Erdbeeren können auf verschiedene Weise haltbar gemacht werden. Wohl am häufigsten werden sie zu **Konfitüre** verarbeitet. Die Erdbeeren können pur oder in einer Mischung mit anderem Obst verwendet werden; klassisch ist die Kombination mit Rhabarber.
- Auch zum **Einfrieren** sind Erdbeeren geeignet: als ganze Früchte, die später als Kuchenbelag, für Bowle, Mixgetränke, Obstsalat, Quarkspeise oder zum Garnieren verwendet werden können. Wählen Sie feste, nicht zu große und völlig intakte Früchte aus. Damit sie nicht aneinander festfrieren und dann beim Auftauen matschig werden, friert man die Früchte am besten vor: Legen Sie die Erdbeeren dazu einzeln nebeneinander auf ein Tablett oder einen großen flachen Teller. Nach etwa zwei Stunden im Gefrierschrank können die vorgefrorenen Früchte in Gefrierbeutel umgefüllt werden. Sie halten etwa acht Monate.
- Das Einfrieren von **Fruchtpüree** oder -soße hat den Vorteil, dass die Erdbeeren in dieser Form weniger Platz in der Gefriertruhe einnehmen und auch sehr weiche Früchte verwendet werden können.

Pur oder mit Rhabarber gemischt: Erdbeeren eignen sich hervorragend für die Herstellung eigener Konfitüre.

Das Püree kann im noch halbgefrorenen Zustand wie Eis oder Sorbet verspeist werden, aufgetaut dient es als Soße für Cremespeisen, Milchreis, Joghurt, Pudding oder Mehlspeisen.

- Beim **Trocknen** wird der Fruchtgeschmack durch den Wasserentzug noch intensiver. Da Erdbeeren schnell schimmeln oder faulen, verwenden Sie am besten ein Dörrgerät, um die Früchte (in dünne Scheiben geschnitten) möglichst zügig zu trocknen.

Erdbeeren lassen sich einfach über Ausläufer vermehren. Wählen Sie dafür nur die ertragreichen und gesunden Pflanzen aus.

Mehr Erdbeeren im nächsten Jahr

- Erdbeeren bilden im Laufe der Saison zahlreiche Ableger, sogenannte Kindel, mithilfe derer sie sich ganz einfach vermehren lassen. Dazu sollten aber nur die Kindel der besten Mutterpflanzen verwendet werden; **die wichtigsten Kriterien sind dabei die Höhe des Ertrags sowie die Pflanzengesundheit**. Ersteres lässt sich jetzt zur Haupterntezeit gut erkennen. Nur diese sogenannten Bestträger sind für die Vermehrung geeignet, denn wenig ertragreiche Mutterpflanzen geben diese negative Eigenschaft meist an die Jungpflanzen weiter. Kontrollieren Sie die gut tragenden Mutterpflanzen zusätzlich auf einen Befall mit Krankheiten (etwa verschiedene Pilzerkrankungen wie *Botrytis*, Wurzelfäule oder Mehltau) und wählen nur vollkommen gesunde Pflanzen für die Vermehrung aus.
- **Markieren Sie die ausgewählten Pflanzen** mit einem Stöckchen oder Etikett und lassen deren Ausläufer wachsen, damit sich am Ende der Ranken die Jungpflanzen bilden können. Setzen Sie diese später – noch mit der Mutterpflanze verbunden – in kleinere Töpfe. Sie können darin einen Wurzelballen bilden und im August oder September in ein neues Erdbeerbeet ausgepflanzt werden.
- Bei den schlechter tragenden Erdbeerpflanzen **müssen dagegen alle Ausläufer konsequent entfernen werden**. Sie sind für eine Vermehrung des Erdbeerbestands nicht notwendig und würden die Mutterpflanze nur unnötig schwächen. Schneiden Sie die Ranken entweder mit Schere oder Messer ab oder verwenden Sie – vor allem in größeren Beständen – einen Spaten zum Abstechen.

Wie war das noch mal?!

1. Erdbeeren möglichst morgens und bei trockenem sonnigem Wetter ernten.
2. Mit Blattkelch pflücken und nicht waschen, damit die Früchte Saft und Aroma behalten.
3. Erdbeeren möglichst rasch verarbeiten; sie sind nicht gut zu lagern und verlieren Geschmack.
4. Die Ableger der gesunden und ertragreichen Erdbeerpflanzen zur Vermehrung verwenden.
5. Ansonsten alle Ausläufer entfernen, damit die Mutterpflanze nicht geschwächt wird.

Wenn man das Gras wachsen hört ... sollte gemäht werden

Rasenpflege mit dem Mäher

Ein gut gepflegter Rasen ist die zentrale Fläche in vielen Gärten. Im Frühsommer wächst das Gras besonders schnell, sodass nun regelmäßig gemäht werden sollte. Dies ist die wichtigste Pflegemaßnahme, um einen gleichmäßigen und dichten Rasenteppich zu bekommen.

Regelmäßig, aber nicht zu tief

- Damit Ihr Rasen schön und kräftig wächst, sollten Sie ihn in der Hauptwachstumszeit regelmäßig mähen. **Durch den wiederkehrenden Schnitt verzweigen sich die Gräser** an der Basis, und der Bewuchs wird dicht und gleichmäßig. Als Richtwert für die Mähfrequenz gilt etwa einmal pro Woche; im Frühsommer, wenn die Gräser besonders schnell wachsen, eventuell auch häufiger.
- Ein zu tiefer Schnitt kann den Graspflanzen eher Schaden zufügen, anstatt ihren Wuchs zu fördern. Der Vegetationspunkt – der Bereich, aus dem bei Pflanzen das Wachstum erfolgt – liegt bei Rasengräsern etwa auf halber Höhe des Halms. Wird er durch zu tief eingestellte Messer entfernt, dauert es relativ lange, bis die Pflanze sich erholt und neu austreibt. In der Folge kann der Rasen lückenhaft und anfälliger gegen Trockenheit werden: er „verbrennt“.
- **Lassen Sie Rasenflächen in schattiger Lage etwa 10 mm länger werden**, da die Gräser sonst nicht genügend Licht zur Assimilation aufnehmen können. Während Hitze- und Trockenperioden darf ebenfalls nicht zu stark eingekürzt werden. Längere Grashalme beschatten den Boden während dieser Zeit besser und lassen ihn nicht so schnell austrocknen.

Tipps zur Arbeitserleichterung

- Kontrollieren Sie vor dem Mähen, ob die **richtige Schnitthöhe** eingestellt ist. Für einen durchschnittlichen Gebrauchsrasen sind 40 mm optimal; je nach Gefallen und vor allem Nutzung der Fläche kann dieser Wert aber auch um etwa 5 mm schwanken.
- Als Faustregel gilt: **Mähen Sie nie mehr als ein Drittel der Blattmasse ab**, um die Graspflanzen nicht zu schädigen. Bei einer Schnitthöhe von beispielsweise 40 mm dürften Sie den Rasen somit frühestens bei einer Rasenhöhe von 60 mm erneut mähen.
- Bewegen Sie sich während der Arbeit möglichst nur auf der gemähten Fläche. Heruntergetretenes Gras richtet sich nur langsam wieder auf und wird dann eventuell nicht auf einheitlicher Höhe abgeschnitten.
- **Mähen Sie nicht bei Nässe.** Im feuchten Zustand werden die Blätter und Halme nicht sauber abgeschnitten. Außerdem verklumpt das Schnittgut und gelangt nicht vollständig in den Fangkorb; gleichzeitig wird der Rasenmäher stärker beansprucht. Auch können bei nassem Boden die Räder schwerer Benzinrasenmäher einsinken und Schaden an den Graswurzeln verursachen.
- Nutzen Sie immer die gesamte Schnittbreite des Mähers aus, sodass er nur eine Radbreite in die geschnittene Spur hineinragt. Auf diese Weise entsteht eine übergangslose und streifenfreie Fläche – und die Arbeit ist schneller getan.

MANUFACTUM-TIPP

Auf vielen Rasenflächen, insbesondere in kleineren Stadtgärten, kann auch problemlos mit einem Handrasenmäher gearbeitet werden. Dieser hat viele Vorteile: Er ist jederzeit und sofort einsatzbereit, handlich und wendig, er verbraucht keinen Kraftstoff und erzeugt keinen Lärm. Ihre Nachbarn werden es Ihnen danken.

Vorsicht an Rändern und Schrägen

- Ist Ihr Garten so gestaltet, dass exakte Rasenkanten gewünscht sind, mähen Sie nicht zu eng daran entlang. **Das äußere Rad des Mähers könnte an der Kante abrutschen** und der rotierende Messerbalken (eines Sichelmähers) Teile der Grasnarbe abtrennen. Schlimmer noch wäre der Fall, wenn feste Rasenkanten aus Metall eingebaut sind. Rutscht der Mäher hier ab, könnte das Messer in die Kante schlagen und schwer beschädigt werden. Lassen Sie besser entlang der Kante einen schmalen Streifen stehen und schneiden diesen nachträglich mit einer Rasenkantenschere von Hand.
- **Mähen Sie schräge Wiesenflächen und Böschungen immer quer zum Hang.** Die Gräser werden auf diese Weise gleichmäßig geschnitten, und Bodenunebenheiten führen nicht zu einer Verletzung der Grasnarbe. Auch zu Ihrer eigenen Sicherheit ist es wichtig, sich beim Mähen am Hang immer auf gleicher Höhe mit dem Rasenmäher zu befinden, um bei einem Sturz nicht überrollt zu werden.

Damit der Rasenschnitt einheitlich wird, sollte man sich nur auf der bereits gemähten Fläche bewegen.

Den Kreislauf schließen: Mulchen mit Rasenschnitt

- Rasenschnitt ist ideal zum Mulchen geeignet, da er relativ viele Nährstoffe enthält und sich aufgrund der Materialfeinheit rasch zersetzt – die Nährstoffe stehen den gemulchten Pflanzen also recht kurzfristig zur Verfügung (Seite 78). Achten Sie aber darauf, dass die Schicht nicht zu dick ist; es könnte sonst zu Schimmelbildung kommen.
- Bei Mähern mit Grasfangkorb wird das Schnittgut schon während des Mähens gesammelt; ansonsten wird der Rasenschnitt nach dem Mähen zusammengerecht und in geeigneten Behältnissen von der Rasenfläche entfernt. Das Material ist **besonders gut zum Mulchen offener**, **also unbepflanzter Beetflächen geeignet**, zum Verteilen zwischen den Reihen im Gemüsebeet (vor allem zu Beginn der Saison, wenn die kleinen Pflänzchen noch weit auseinanderstehen), zum Bedecken des Komposthaufens oder der Flächen unter Himbeer- und anderen Beerensträuchern. Bedenken Sie aber – das ist der einzige Nachteil –, dass Schnecken unter einer solchen Schicht gute Unterschlupfmöglichkeiten finden.
- Bei der Verwendung eines sogenannten Mulchmähers kann das Schnittgut auf der Rasenfläche liegen bleiben. Das Material verrottet dann dort, wo es gewachsen ist und **gibt die aufgenommenen Nährstoffe wieder frei**: ein geschlossener Kreislauf! Der Düngebedarf des Rasens kann auf diese Weise stark verringert werden, im Idealfall ist fast keine zusätzliche Nährstoffzugabe nötig.
- Mulchmäher zeichnen sich durch ein zweites Schneidwerk oder speziell geformte Schneidklingen aus, die das Schnittgut stärker zerkleinern als andere Mäher. Dies ist nämlich die Voraussetzung für eine schnelle Zersetzung des Materials und eine gute Nährstoffverwertung.
- Achten Sie beim Mulchmähen noch stärker darauf, dass der Rasen trocken ist, damit das Schnittgut nicht verklumpt, sondern sich gleichmäßig über die Fläche verteilt. Wichtig ist auch hier ein regelmäßiges häufiges Mähen (ein bis zwei Mal pro Woche), damit die Halme nicht zu lang sind und das Schnittgut gut zerkleinert werden kann.

Im Gemüsebeet ist Rasenschnitt ein hervorragendes Material, um den offenen Boden zwischen den Pflanzen zu bedecken.

Wie war das noch mal?!

1. Regelmäßig mähen und dabei, passend zum jeweiligen Standort, die richtige Schnitthöhe einstellen
2. Während der Arbeit nur auf der bereits gemähten Fläche laufen.
3. Nicht bei Nässe mähen: das Schnittgut verklumpt, und der Rasenmäher wird unnötig stark beansprucht.
4. Nicht zu nah an Rasenkanten entlang mähen; hier besser mit einer Schere nachschneiden.
5. Auf schrägen Flächen quer zum Hang arbeiten.
6. Den Rasenschnitt zum Mulchen verwenden.

Eine schützende Decke für den Boden

Mulchmaterialien für verschiedene Einsatzzwecke

Wo ein bodendeckender Pflanzenbewuchs fehlt – auf abgeernteten Gemüsebeeten, in Beeten mit Jungpflanzen, unter Beerensträuchern –, sollten Sie eine Mulchschicht aufbringen, um den Boden vor Austrocknung oder Verschlämmung zu schützen und gleichzeitig den Bewuchs mit Unkraut zu unterdrücken.

Viele Vorteile – und einige Regeln

- Je nach Material und Schichtdicke wird Unkraut nur zum Teil unterdrückt. Wachsen also dennoch Pflanzen hindurch, **ziehen Sie sie einzeln von Hand heraus** und arbeiten nicht mit Hacke oder Jäter, um die Mulchdecke intakt zu lassen. Achten Sie schon vorher darauf, nicht mit dem Material selbst Gras- und Unkrautsamen (oder Schädlinge) auf die Beete zu bringen.
- Kontinuierliches Mulchen kann eine Zunahme von Schnecken zur Folge haben, da sich die Tiere gerne dort verkriechen. Mulchen Sie daher gegebenenfalls nur während längerer Trockenperioden oder nur bei Kulturen, die keinen Schaden erleiden können (weil die Pflanzen groß genug sind oder von Schnecken gemieden werden). Im Spätsommer sollte das Material entfernt werden, damit darunter keine Schneckeneier abgelegt werden.
- **Beachten Sie beim Mulchen mit Stroh, Sägespänen, Rinde oder Holzfaser das Problem der sogenannten Stickstoff-Festlegung.** Diese Materialien haben ein weites C/N-Verhältnis; sie enthalten viel Kohlenstoff (C) und vergleichsweise wenig Stickstoff (N). Werden sie zersetzt, verbrauchen die Bodenorganismen dabei Stickstoff, den sie dem Boden entnehmen und damit den Pflanzen „klauen"; dies muss durch eine Düngung ausgeglichen werden.

MANUFACTUM-TIPP

Ernteabfälle von Salat, Kohl oder Möhren können Sie als schützende Schicht direkt auf dem Beet liegen lassen. Neben dem Mulcheffekt hat dies den Vorteil, dass dem Boden nur die Nährstoffe entzogen werden, die im essbaren Anteil des Gemüses gebunden sind. Die organische Substanz der „Abfälle" hingegen wird gleich wieder dem Boden zugeführt und die Düngegabe für Folgekulturen kann niedriger ausfallen.

Himbeeren lieben eine Mulchdecke aus Grasschnitt, die den Boden feucht und locker hält.

Grasschnitt und Brennnesseln: Mulchen mit Düngeeffekt

- **Rasenschnitt** ist für alle Bereiche geeignet. Verwenden Sie ihn am besten frisch aus dem Mäher; das Material lässt sich so besser als kompakte Schicht ausbringen, die bei Wind nicht gleich auseinandergeweht wird. Bei der Zersetzung werden Nährstoffe frei, die von den gemulchten Pflanzen leicht aufgenommen werden können. **Ideal ist eine Schichtdicke von maximal 10 cm**, die noch auf etwa die Hälfte zusammenfällt. Ist die Schicht zu dick, kann es statt einer Zersetzung zu Fäulnis kommen.
- Auch **gröberes Gras** (aus dem Obstgarten oder von Wegen) eignet sich zum Mulchen, allerdings nur solches, das keine eigenen Samen oder Unkrautsamen enthält. Es ist gut geeignet für Beete, die mit langsamwüchsigen Kulturen wie Kohl, Kürbis oder Zucchini bepflanzt werden sollen. Bereiten Sie den Boden gründlich vor, bedecken ihn mit der Grasschicht und setzen anschließend die Pflanzen hinein. Erneuern Sie die Schicht im Laufe der Saison ein- bis zweimal, indem eine neue auf die alte gelegt wird.
- **Blätter von Beinwell und Brennnesseln** sind gute Mulchmaterialien, da sie zusätzlich als wirkungsvoller Dünger dienen. **Bei ihrer Zersetzung werden größere Mengen Stickstoff und Kalium frei**, bei Brennnesseln auch das Spurenelement Silizium (wichtig etwa für Tomaten). Verwenden Sie keine blühenden und Samen tragende Brennnesseln; die Stiele sind dagegen von Vorteil, da sie Schnecken abschrecken. Da sich die Blätter schnell zersetzen, kann öfter nachgelegt werden – als etwa 10 cm starke Schicht.

Stroh, Folie und sogar Unkraut?

- **Stroh** verrottet relativ langsam, deshalb genügt eine Schicht von 5–10 cm für die komplette Vegetationsperiode. **Verwenden Sie nur Stroh aus ökologischem Getreideanbau**, das nicht mit halmverkürzenden Mitteln behandelt wurde. Diese Wirkstoffe sind nämlich sehr stabil, werden in den Boden ausgewaschen und führen bei den gemulchten Pflanzen zu Wachstumsdepressionen. Bei der Verwendung von Stroh ist zudem die anfangs beschriebene Stickstoff-Festlegung zu beachten, die durch Düngung ausgeglichen werden muss.
- **Gejätetes Unkraut** (unbedingt samenlos!) kann bei sonnigem Wetter zwischen den Kulturpflanzen als dünne Schicht liegen bleiben. Es vertrocknet schnell, und die organische Substanz wird dem Boden wieder zugeführt.
- Für Beete, in die Erdbeer- oder Gemüsejungpflanzen gesetzt werden, eignen sich auch **Mulchfolien** (möglichst aus nachwachsen-

dem, biologisch abbaubarem Material wie etwa Maisstärke) oder **Mulchpapier** (aus Altpapier). Schwarze Folie unterdrückt nicht nur Unkraut zuverlässig, sondern **wirkt sich bei wärmeliebenden Kulturen wie Gurken oder Kürbis auch ertragssteigernd aus**. Bereiten Sie das Beet gründlich vor (Boden lockern, Steine und Unkraut entfernen, Dünger einarbeiten), legen Folie oder Papier glatt auf und sichern die Ränder mit Erde, Steinen oder Brettern. Zum Einsetzen der Pflanzen wird das Material mit Kreuz- oder T-Schnitten geöffnet und anschließend wieder „zugeklappt".

Im Staudenbeet hilft eine Schicht aus Rindenmulch, um das Aufkommen von Unkraut zu unterdrücken.

Mulchen mit Rinde oder Holzfasern erspart das Jäten

- **Rindenmulch** ist von grober Struktur mit großen Rindenstücken. Er eignet sich gut für Bereiche mit tief wurzelnden Pflanzen, also unter Hecken, Bäumen und Sträuchern, um dort das Aufkommen von Unkraut zu verhindern. **Der hohe Gerbsäureanteil erschwert die Ansiedlung flach wurzelnder Pflanzen**, zudem hemmt die stark stickstoffbindende Wirkung das Wachstum von Pflanzen generell. Streuen Sie deshalb vor dem Aufbringen der Mulchdecke Kompost oder organischen Langzeitdünger auf den Boden – und verwenden Sie Rindenmulch niemals im Gemüsegarten oder in den Staudenrabatten!
- **Rindenhumus oder -kompost** ist feiner strukturiert und enthält üblicherweise keine wachstumshemmenden Gerbsäuren. Diese Materialien können Sie also in allen Gartenbereichen verwenden. Die unkrautverdrängende Wirkung ergibt sich allein durch eine relativ große Schichtdicke.
- Mulchmaterial aus **Holzfasern**, mit Rindenhumus und Kompost vermischt, vernetzt nach dem ersten Anfeuchten und bildet ein dichtes Gewebe, das Unkrautwachstum und ein rasches Austrocknen des Bodens verhindert. Holzfasern können im gesamten Gartenbereich eingesetzt werden. **Holzhäcksel** sind dagegen zwar ein hervorragender Wegebelag, als Mulchmaterial aber nur unter gut eingewurzelten Hecken und Bäumen geeignet. Überall sonst bewirkt es einen sehr starken Stickstoffabbau und damit ein deutlich gebremstes Wachstum der gemulchten Pflanzen.

Wie war das noch mal?!

1. Durchgewachsenes Unkraut einzeln von Hand herausziehen und die Mulchdecke intakt lassen.
2. In Gärten mit vielen Schnecken beachten, dass Mulchen deren Aufkommen fördern kann.
3. Beim Mulchen mit Stroh, Rinde oder Holzprodukten zusätzlich Dünger aufbringen.
4. Für jeden Standort und jede Kultur das optimale Mulchmaterial auswählen.

Für eine sommerlange Blütenpracht

Pflegearbeiten auf dem Balkon: gießen, düngen, ausputzen

Die Pflanzen auf Balkon und Terrasse bedürfen in der kommenden Zeit besonderer Aufmerksamkeit, sollen sie doch für viele Wochen oder auch Monate mit reicher Blütenpracht, gesundem Laub, Vitalität und Wüchsigkeit erfreuen.

Hohe Ansprüche – unter schwierigen Bedingungen

- Von den Sommerblumen auf dem Balkon werden Höchstleistungen erwartet: Vom Frühjahr bis zum Herbst sollen sie in einem fort blühen und dabei gleichbleibend gesund, wüchsig und dekorativ sein. Diese ohnehin schon hohen Ansprüche werden noch dadurch gesteigert, dass die Balkonpflanzen oft unter nicht optimalen Bedingungen stehen. Die Töpfe und Kästen sind eher klein, sodass das Erdvolumen gering ist und **die Pflanzen ständig von Trockenheit, Vernässung oder Nährstoffmangel „bedroht" sind**.
- Beachten Sie bei der Pflanzenpflege also immer sämtliche Standortbedingungen: Pflanzen auf einem nach Norden ausgerichteten Balkon brauchen weniger Wasser als die auf einem Südbalkon, und Pflanzen im Schatten müssen seltener gegossen werden als solche, die in der Sonne oder an relativ windexponierten Plätzen stehen. Pflanzen in Ton- und Terrakottatöpfen benötigen mehr Feuchtigkeit als solche in Kunststoff- oder Metalltöpfen, da über die poröse Tonwand Wasser verdunstet. Unabhängig vom Material gilt, dass je kleiner das Gefäß ist, umso häufiger kontrolliert werden muss, ob eine Wassergabe notwendig ist.

Am wichtigsten: das Gießen

- Eine bedarfsgerechte Wasserversorgung ist für die Pflanzen auf dem Balkon das A und O. Und man kann dabei – obwohl es so einfach klingt – viel falsch machen. Machen Sie es besser so:
- Während der Phasen typischen Sommerwetters (sonnig, trocken und warm) **sollten alle Gefäße mit einem ausreichend großen Untersetzer versehen werden**. Er hält überschüssiges Wasser auf, das sonst ungenutzt ablaufen würde, so aber später von der Pflanze nach Bedarf aufgesogen werden kann. Nehmen Sie die Untersetzer bei lang anhaltenden Schlechtwetterperioden mit Starkregen wieder weg, um Staunässe in den Gefäßen zu verhindern.
- **Wässern Sie immer nur so viel, wie der Wurzelballen (bzw. der Untersetzer) aufnehmen kann**. Dies kann bedeuten, dass an heißen Tagen auch zweimal gegossen werden muss, bei kühlem und bedecktem Wetter dagegen nur alle paar Tage. Prüfen Sie vor dem Gießen, ob die Erde wirklich trocken ist. Der Wasserverbrauch der Pflanzen ist bei solchen Witterungsverhältnissen nämlich deutlich reduziert.
- **Gießen Sie immer durchdringend**, sodass die Erde bis zum Topfgrund feucht wird. Aus den Abflusslöchern rinnendes Wasser ist dafür aber keine Gewähr! War die Erde vorher sehr trocken, hat sie sich zusammengezogen, und das Gießwasser läuft an der Innenseite des Gefäßes ab, ohne dass die Pflanze nennenswerte Mengen aufnehmen kann. Damit sich bei Balkonkästen das Gießwasser gleichmäßig verteilt und – vor allem bei verhärteter Erdoberfläche – über diese nicht gleich abfließt, ohne einzudringen, sollten Sie auf eine **möglichst waagerechte Aufhängung der Kästen** achten.

MANUFACTUM-TIPP

Versuchen Sie zu verhindern, dass die Erde in den Pflanzgefäßen zwischenzeitlich komplett austrocknet. Sie verhärtet dann an der Oberfläche und ist nur schwer wieder zu benetzen; dies umso mehr, je mehr Torf enthalten oder je schlechter die Qualität insgesamt ist.

Nicht zu hartes Wasser verwenden

- Gießen Sie am besten morgens oder abends. Bei einer Bewässerung um die Mittagszeit können nass gewordene Blätter Verbrennungen erleiden. Zudem **verdunstet bei Sonnenschein unnötig viel Wasser**, bevor es von den Pflanzen aufgenommen werden kann.
- Auf Balkon und Terrasse wird fast immer mit Leitungswasser gegossen. Dieses sollte nicht zu kalt sein, um Wachstumsstockungen zu vermeiden. Damit es die Umgebungstemperatur annimmt, füllen Sie die Kannen am besten schon abends, wenn Sie morgens gießen wollen, und umgekehrt. Beachten Sie auch die Wasserhärte, also den Kalkgehalt Ihres Leitungswassers: **Ist dieser sehr hoch, kann das bei den Pflanzen zu Mangelerscheinungen führen**, da sie bestimmte Nährstoffe nicht mehr aus der Erde aufnehmen können. In Gebieten mit sehr hartem Wasser sollte daher möglichst mit

Große Kübelpflanzen sollten nicht täglich ein bisschen, sondern besser alle paar Tage durchdringend gegossen werden.

Regenwasser gegossen werden. Alternativ können Sie das Wasser „weicher machen", indem Sie ein Säckchen mit Torf hineinhängen; auch ein hineingelegtes Stück Holz soll sich positiv auf die Wasserhärte auswirken.

- Ist es aus zeitlichen Gründen nicht möglich, die oben genannten Gießregeln einzuhalten, ist die Anschaffung von Gefäßen mit Wasserspeicher sinnvoll. **Der Vorrat reicht bei heißem Wetter etwa zwei bis drei Tage** und gewährleistet eine gleichmäßige und bedarfsgerechte Wasserversorgung der Balkonpflanzen ohne weiteres Zutun.

Düngen, ausputzen und stützen

- Aufgrund der schon erwähnten hohen Ansprüche an die „Kondition" der Balkonpflanzen müssen sie über die Saison etwa alle zwei Wochen gedüngt werden. Sehr wüchsige Pflanzen mit starkem Blütenansatz (etwa Petunien) benötigen sogar eine wöchentliche Nährstoffgabe. Ein Flüssigdünger, der dem Gießwasser beigegeben wird, ist dabei am einfachsten zu handhaben.
- Nicht nur aus optischen, sondern vor allem aus phytosanitären Gründen sollten Sie die Balkonpflanzen regelmäßig „ausputzen". Das rechtzeitige **Entfernen der verwelkten Blüten (durch Ausbrechen oder Abschneiden)** verhindert nämlich zum einen die Schwächung der Pflanzen durch eine (unnötige) Samenbildung und zum anderen die Ausbreitung von Grauschimmel (*Botrytis*), der oftmals verregnete welke Blüten befällt. Entfernen Sie dabei gleichzeitig beschädigte, trockene oder faule Laubblätter.
- Versehen Sie hochwachsende Pflanzen rechtzeitig mit einer passenden Stütze (das ist besonders wichtig auf windexponierten Balkonen!) und **leiten Sie rankende Pflanzen an Spalieren auf**, damit die langen Triebe nicht abknicken, sondern beispielsweise als blühender Sichtschutz fungieren können.

Werden die verblühten Blüten regelmäßig entfernt, muss die Pflanze keine unnötige Kraft in die Samenbildung stecken.

Wie war das noch mal?!

1. Topfpflanzen auf dem Balkon im Sommer mit einem Untersetzer ausstatten.
2. Je nach Standort und Witterung immer bedarfsgerecht gießen.
3. Die Erde im Topf nie ganz austrocknen lassen.
4. Möglichst kein sehr kaltes oder hartes Leitungswasser zum Gießen verwenden.
5. Die Balkonpflanzen den Sommer über etwa alle zwei Wochen nachdüngen.
6. Regelmäßig die verblühten Blüten ausbrechen und beschädigte Blätter entfernen.

FÜR KLEINE GÄRTNER

Im Garten wächst das schönste Spielzeug

Mit Blüten, Blättern und Früchte aus dem eigenen Garten, dem Wald oder der Wiese im Park lassen sich viele kreative Dinge tun: Schmuck basteln, Bilder gestalten, ein Herbarium anlegen oder einfach nur beobachten, beschnuppern und bestaunen.

Material

- Selbstgesammelte Blüten und Blätter, um damit zu basteln oder Gemüsestücke, die zu Stempeln geschnitzt werden
- Ein dünner Draht für den Löwenzahnkranz
- Verschiedene Farben wie Wasser-, Finger- oder Acrylfarbe für Stempelbilder und einen nicht zu schmalen Borstenpinsel
- Papier oder dünner Karton
- Ein Buch mit leeren Seiten, in das gepresste Blumen eingeklebt werden können

So wird's gemacht

Löwenzahn ist ein wahres Allroundtalent, wenn es ums Basteln geht. Er hat nämlich relativ dicke, hohle Stängel, die man einritzen und dann einen anderen Stiel hindurchstecken kann. Auf diese Weise kann man lockere Kränze flechten oder aus einer langstieligen Blume einen Armreif machen. Für die Herstellung eines etwas stabileren Haarreifs, empfiehlt sich die Verwendung von dünnem Draht. Damit werden die, immer um einen Blütenkopf versetzt angeordneten Blumen, miteinander verbunden.

Schneidet man die Stängel (ohne Blütenkopf) oben und unten etwas ein und legt sie in Wasser, entstehen die gefääääährlichen Löwenzahn-Kringelmonster!

An regnerischen Sommertagen kann man im Haus aus allerlei Gemüsen tolle Bilder anfertigen. Denn nicht nur die altbekannte Kartoffel eignet sich zum Stempeln, sondern auch viele andere Gemüse: Zwiebelhälften drucken Ringe und Kreise und Stangensellerie macht gezackte Bögen. Und bestimmt gibt es noch viele weitere Formen zu entdecken!

FÜR KLEINE GÄRTNER

Auch mit Blättern kann man Drucken und Stempeln; am besten mit etwas festeren Exemplaren, zum Beispiel von Feige, Ahorn oder Kastanie. Man legt sie auf eine Unterlage aus Zeitungspapier, pinselt die Unterseite (da wo die Blattadern hervorstehen) mit Farbe ein und drückt sie dann umgekehrt auf Papier oder Karton.

Diese Blattbilder können ausgeschnitten und vielfältig verwendet werden; aufgefädelt zu einer Girlande, als Dekoration für ein langweiliges Schulheft, als Geschenkanhänger oder, oder, oder ...

Ein Projekt für das ganze Jahr ist das Pressen von Blumen. Alle Lieblingsblumen können so in einem Herbarium haltbar gemacht und immer wieder angeschaut werden. Es gibt spezielle Blumenpressen; man kann die Blüten und Blätter (nicht zu dick und saftig) aber auch einfach zwischen zwei Papiere legen und beschweren.

Mehr Kräuter! Für das ganze Jahr!
Jetzt Kräuter vermehren, ernten und trocknen

Im Sommer können Sie die mehrjährigen Kräuter wie Salbei, Oregano oder Thymian über Stecklinge vermehren. Sie bewurzeln nun rasch und entwickeln sich schnell zu kleinen Pflanzen. Die sommerliche Fülle kann jetzt auch für den Winter getrocknet werden.

Kopfstecklinge entnimmt man mit einem scharfen Messer von der Triebspitze der Pflanzen.

Kleine Stecklingskunde vorab

- Die Pflanzenvermehrung mithilfe von Stecklingen ist eine sehr einfache und zuverlässige Methode, die auch Anfängern gut gelingt – und sie ergibt viele neue Pflanzen praktisch zum Nulltarif. Es handelt sich dabei um eine sogenannte vegetative Vermehrungsmethode, mit der sich **aus einer Mutterpflanze exakt gleiche Tochterpflanzen ziehen lassen**. (Im Gegensatz zu der generativen Vermehrung durch Aussaat, bei der es immer auch zu Variationen kommen kann).
- Es gibt verschiedene Arten von Stecklingen. Je nachdem aus welchem Teil der Pflanze sie stammen, **unterscheidet man zwischen Trieb-, Blatt- und Wurzelstecklingen**. Die Gruppe der Triebstecklinge lässt sich weiter in Kopf- und Teilstecklinge sowie Risslinge unterteilen: Kopfstecklinge werden von der Spitze eines Triebs geschnitten, Teilstecklinge aus einem Abschnitt darunter. Risslinge können von Pflanzen mit verholzenden Seitenästen genommen werden, indem junge Seitentriebe mitsamt einem kurzen Stück Rinde vom Haupttrieb abgerissen werden. Am häufigsten – so auch bei der Vermehrung von Küchenkräutern und im Folgenden beschrieben – werden Kopfstecklinge verwendet.

Mit Fingerspitzengefühl schneiden

- Verwenden Sie für die Vermehrung nur gesunde und vitale Pflanzen und **möglichst nur Triebspitzen, die keine Knospen oder gar Blüten tragen**. Gibt es solche Triebe an der ausgewählten Pflanze gerade nicht, entfernen Sie die Knospen vorsichtig (am besten mit den Fingernägeln auskneifen).
- Schneiden Sie die Triebspitzen mit einem Messer oder einer Schere mit schmalen spitzen Klingen ab – je nach Wuchsform der Pflanze und Blattgröße mit drei bis fünf Blattpaaren (je kleiner die Blätter, desto mehr). Die Klingen sollten sauber und sehr scharf sein, damit der Pflanzenspross nicht gequetscht wird.
- Um ein schnelles Anwachsen zu fördern, müssen die entnommenen Triebspitzen nun noch passend zugeschnitten werden. Da der Steckling keinerlei Wurzeln hat und daher zunächst kein Wasser aufnehmen kann, darf die Blattfläche – über die Wasser durch Verdunstung verloren geht – nicht zu groß sein. **Entfernen Sie deshalb die unteren Blattpaare** und kürzen verhältnismäßig große Blätter (wie etwa bei Salbei) zusätzlich von der Spitze her etwa zur Hälfte ein.

MANUFACTUM-TIPP

Kräuter wie Minze, Majoran oder Oregano treiben nach einer Kompletternte im Juli noch einmal neu aus und liefern bis zum Herbst einen zweiten guten Ertrag.

Neue Wurzeln müssen her

- Viele Pflanzen bewurzeln recht unkompliziert in Wasser. Wählen Sie ein Glas von passender Form und Größe, in dem der Steckling aufrecht stehen, nicht umfallen und nicht komplett untertauchen kann. Das Wasser sollte möglichst frisch sein und deshalb täglich gewechselt werden.
- Am häufigsten lässt man Stecklinge aber in Erde bewurzeln. Füllen Sie dazu kleine Töpfe oder flache Schalen (jeweils mit Wasserabzug) **mit einem nährstoffarmen, lockeren Substrat** (Aussaat-, Anzuchterde), drücken es leicht an und gießen mit einer feinen Brause durchdringend, sodass sich Hohlräume schließen und die Erde sich setzt, bevor die Stecklinge eingesetzt werden.
- **Speziell für die Stecklingsanzucht gibt es auch sogenannte Quelltöpfe**. Dies sind gepresste Substrat-Tabletten, die mit einem feinen Netz gehalten werden und nach Wasseraufnahme zu einem kleinen Töpfchen aufquellen. Achten Sie beim Kauf darauf, möglichst keine Quelltöpfe aus Torf zu nehmen, sondern zum Beispiel solche aus Kokosfasersubstrat.
- Stecken Sie die Stecklinge zwei bis drei Knoten (Blattansatzstellen) tief in das feuchte Substrat und achten Sie darauf, dass sie nicht auf dem Gefäßboden aufstoßen. Bei Stecklingen mit weichen Trieben ist es besser, mit einem Hölzchen ein Loch vorzubohren, damit sie

Zur Stecklingsvermehrung eignen sich solche Platten gut, da jedes Pflänzchen gleich seinen eigenen Topf hat.

nicht abknicken. Das unterste Blattpaar sollte keinen Erdkontakt haben, damit es nicht zu Fäulnis kommen kann.

- Stellen Sie die Töpfe oder Schalen im Freien oder im Gewächshaus auf: an einem **vor Wind und direkter Sonneneinstrahlung geschützten Platz**, um die Verdunstung zu reduzieren. Zu diesem Zweck können die Pflanzen zusätzlich mit einer durchsichtigen Haube abgedeckt werden, unter der die Luftfeuchtigkeit konstant höher ist. Dazu eignen sich spezielle Glas- oder Kunststoffglocken oder ein durchsichtiger Folienbeutel, der über Pflanze und Topf gestülpt und mit einem Haushaltsgummi am Topf befestigt wird.

Den Überfluss des Sommers für den Winter trocknen

- Im Hochsommer haben viele Kräuter den Höhepunkt ihrer Entwicklung erreicht, sind nun **besonders reich an Würzkraft und Heilstoffen** – und sie sind im Überfluss vorhanden. Um einen Vorrat für den Winter anzulegen, können Sie die Kräuter nun in größeren Mengen ernten und trocknen.
- Ernten Sie dazu keine einzelnen Blätter, sondern **besser komplette Triebe und binden diese zu Kräutersträußen**, die zum Trocknen kopfüber an einem luftigen, schattigen und warmen (aber nicht heißen!) Ort aufgehängt werden. Die Sträuße sollten nicht zu dick sein, damit innen liegende Blätter nicht feucht bleiben oder der Trocknungsprozess unnötig lang dauert und Inhaltsstoffe verloren gehen. **Sind die Blätter völlig trocken, werden sie von den Stielen gestreift** und sogleich in luftdicht schließende, am besten dunkle Behälter gefüllt.
- Alternativ können Sie die Blätter vor dem Trocknen abstreifen und auf Sieben oder einem mit Gaze bespannten Holzrahmen an einem schattig luftigen Ort trocknen.
- Die meisten Sommerkräuter haben **kurz vor oder während der Blüte die beste Würzkraft** und sollten dann – in der Regel ist das im Juli – geerntet werden. Ernten Sie zum Beispiel Bohnenkraut während der Vollblüte, Majoran und Minze hingegen schon, wenn sich die ersten Blütenknospen gebildet haben.

Kräutersträuße trocknen besonders schnell, wenn sie luftig und regengeschützt aufgehängt werden.

Wie war das noch mal?!

1. Stecklinge nur von gesunden und vitalen Pflanzen schneiden.
2. Den Steckling passend zuschneiden, damit er nicht zu viel Blattmasse hat und leicht bewurzelt.
3. Entweder in Wasser bewurzeln lassen oder in Erde oder Quelltöpfe stecken.
4. Die Verdunstung reduzieren, um die Bewurzelung zu fördern.
5. Kräuter, die jetzt im Überfluss vorhanden sind, können an einem luftigen Ort getrocknet werden.
6. Kräuter ernten, wenn die Würzkraft am höchsten ist (je nach Kraut unterschiedlich).

Alles gleichzeitig: säen, pflanzen, pflegen, ernten

Im sommerlichen Gemüsebeet gibt es viel zu tun

Im Sommer können Sie im Gemüsebeet täglich ernten; einiges aber auch noch aussäen oder pflanzen. Darüber hinaus stehen Pflegearbeiten an: schattieren, wässern, anhäufeln, den Boden lockern und mulchen oder die Herbst- und Wintergemüse mit Dünger versorgen.

Nachschub fürs Gemüsebeet

- Im warmen Sommerboden keimen die meisten Samen schneller als im Frühjahr; **die Gefahr des Austrocknens der Saat ist aber auch deutlich größer**. Bei trockener und warmer Witterung reicht es deshalb oft nicht, morgens und abends zu gießen; die Aussaat sollte zusätzlich mit Vlies, einigen belaubten Zweigen oder feuchtem Zeitungspapier beschattet werden. Ist die Keimung erfolgt und das erste Grün zu sehen, können Sie das Abdeckmaterial wieder entfernen.
- Wollen Sie vorgezogene Gemüsesetzlinge auspflanzen, warten Sie an sonnigen Tagen damit bis zum Abend – **besser ist es aber, bei bedecktem Wetter zu pflanzen**. Gießen Sie nach dem Pflanzen jeden Setzling einzeln an, damit sich die Hohlräume um die Wurzeln schließen und er zügig anwachsen kann. Anschließend sollte mit einer Harke vorsichtig trockene Erde über die feuchte gezogen werden, um ein Austrocknen und Verkrusten zu verhindern. Bedecken Sie abschließend den kahlen Boden zwischen den jungen Pflanzen mit einer Mulchschicht und denken Sie unbedingt daran, die jungen Pflänzchen vor Schnecken zu schützen.

Quer durch den (erntereifen) Gemüsegarten

MANUFACTUM-TIPP

Im Hochsommer schlüpft die zweite Generation der Lauchmotten und Gemüsefliegen. Decken Sie deshalb alle gefährdeten Gemüsekulturen, insbesondere die Jungpflanzen, mit Kulturschutznetzen ab. Vlies kann nun nicht mehr als Alternative verwendet werden, denn darunter wird es im Sommer zu warm.

- Ernten Sie **Gurken** alle zwei bis drei Tage, damit sie nicht zu groß werden. Bleiben die Früchte zu lang an der Pflanze, kann das dazu führen, dass ein Teil der Folgefrüchte schon im Frühstadium abgestoßen wird. Um die Ranken nicht zu beschädigen, sollten Gurken immer abgeschnitten und nicht gepflückt werden.
- Der richtige Erntezeitpunkt für **Erbsen** ist erreicht, wenn die Körner voll ausgebildet, aber noch frisch und saftig sind. Diesen Zeitpunkt sollten Sie nicht verpassen, denn bei sehr warmer Witterung werden die Körner schon nach zwei bis drei Tagen überständig.
- **Bohnen** bringen mehr Ertrag, wenn sie mehrmals, regelmäßig und frühzeitig gepflückt werden. Sie sind reif, wenn sie beim Biegen glatt durchbrechen. Ernten Sie Stangenbohnen erst am Tag der Verarbeitung, da sie sich kaum lagern lassen.
- Reißen Sie das Kraut der abgeernteten Bohnen und Erbsen nicht aus, sondern schneiden es knapp über dem Boden ab. Die Wurzeln bleiben dann mitsamt der Knöllchenbakterien und dem darin gesammelten Stickstoff im Boden und werden der Folgekultur als zusätzliche Nährstoffquelle zugutekommen.
- Entnehmen Sie von **Schnitt- oder Pflücksalat** und **Mangold** immer nur einzelne (die äußeren größten) Blätter; die Pflanze selbst bleibt stehen und treibt aus der Mitte immer neu nach.
- Ernten Sie **Brokkoli**, wenn die Einzelknospen der Blume bereits gut ausgebildet, aber noch fest geschlossen sind. Dieser Termin sollte eingehalten werden, da die Blume – vor allem bei sehr warmer Witterung – schnell auflockert und dann an Qualität verliert. Schneiden Sie etwa 15 cm unter der Blume und verwenden dann auch den Stängel. Wenn die Mittelblume geerntet ist, treibt die Pflanze aus den Blattachseln wieder Nebensprosse mit kleineren Blumen; die Erntezeit kann sich so – bei regelmäßigem Wässern und Düngen – bis Ende August erstrecken.
- Pflücken Sie **Tomaten** regelmäßig durch (und entgeizen dabei gleichzeitig). Überreife Früchte neigen zum Platzen oder können mehlig werden. Der beste Pflückzeitpunkt ist zwei bis drei Tage nachdem sich die Haut – je nach Sorte leuchtend rot, orange oder gelb – gefärbt hat. Ernteüberschüsse lagern Sie am besten bei Zimmertemperatur; im Kühlschrank verlieren die Früchte an Geschmack.

Gurken sollten immer mit einem Messer geerntet werden, damit man nicht an den Ranken reißt und sie beschädigt.

Wässern und düngen

- Düngen Sie die **Herbst- und Wintergemüse** bis Ende August noch ein- bis zweimal mit Brennnessel- oder Beinwelljauche. Werden **Sellerie** und **Möhren** zusätzlich kalibetont gedüngt (etwa mit Holzasche), wirkt sich das positiv auf die Lagerfähigkeit aus. Wässern Sie **Kürbis**, **Gurke**, **Zucchini** und **Tomate** bei Trockenheit alle zwei bis drei Tage ausgiebig, und düngen Sie die Pflanzen regelmäßig.

- Nach dem Ende der Erntezeit im Juni benötigt der **Rhabarber** nun eine Gabe organischen Düngers. Streuen Sie zwei Handvoll Hornspäne rund um jede Pflanze und arbeiten sie oberflächlich ein.
- Alle im Juni und früher gepflanzten **Kohlarten** (auch Steckrübe und Kohlrabi) müssen im August gut mit Wasser und Nährstoffen versorgt werden, damit es nicht zu Wachstumsstockungen kommt. Dies verhindert bei **Blumenkohl** oder **Brokkoli** zudem die Bildung sogenannter Vorblüher: eine zu frühe Blumenanlage, die von der geringen Blattmasse noch nicht ausreichend versorgt werden kann. Auch **Winterrettiche** bleiben nur dann zart, wenn sie schnell und ohne Stockungen wachsen, also durchgängig ausreichend mit Wasser und Dünger versorgt werden.

Tomaten werden geerntet, wenn sie sortentypisch ausgefärbt sind.

Schattieren und anhäufeln

- Schattieren Sie frisch gepflanzten **Salat** bei starkem Sonnenschein – etwa mit einem locker aufgelegten Blatt Zeitungspapier und überbrausen es bei großer Hitze ab und an.
- Um **Blumenkohl** vor zu starker Sonneneinstrahlung zu schützen und weiße Köpfe zu behalten, können Sie die oberen Blätter knicken und über die Blume legen.
- Häufeln Sie den im späten Frühjahr gepflanzten **Porree** an. Je höher er angehäufelt wird, umso länger ist der weiße, gebleichte, zartere Teil. Auch die im Juli gesäten **Buschbohnen** und **Knollenfenchel** sollten angehäufelt werden.
- Achten Sie bei **Speisekürbissen** darauf, dass sich pro Pflanze nur die empfohlene Anzahl von Früchten entwickelt – die je nach Sorte unterschiedlich ist. Entfernen Sie die überzähligen Früchte, wenn sie etwa tennisballgroß sind, und kürzen alle Triebe so ein, dass hinter der letzten Frucht, die reifen soll, noch zwei Blätter an den Ranken verbleiben.

Wie war das noch mal?!

1. Bei trockener warmer Witterung müssen Aussaaten und Jungpflanzen feucht gehalten werden
2. Der richtige Erntezeitpunkt ist mit entscheidend für den optimalen Geschmack.
3. Regelmäßiges Durchpflücken ist zum Beispiel bei Bohnen und Tomaten wichtig.
4. Die Herbst- und Wintergemüse müssen gleichmäßig mit Dünger und Wasser versorgt werden.
5. Frisch gepflanzter Salat benötigt bei starkem Sonnenschein eine Schattierung.

Früchte für dieses, Samen für nächstes Jahr

Tomatensamen zu ernten, ist gar nicht so schwer

Die Tomatenernte ist nun im vollen Gange. Sie können aber nicht nur die Früchte, sondern auch Samen ernten – für die Anzucht neuer Pflanzen im nächsten Jahr. Voraussetzung ist nur, dass es sich um Sorten handelt, die ihre Eigenschaften unverändert vererben.

Finger weg von F1-Hybriden

- Tomaten lassen sich recht einfach über selbst geerntetes Saatgut vermehren und die Ernte und Aufbereitung der Tomatensamen gelingt leicht. Es gibt nur eine wichtige Bedingung, die erfüllt sein muss: Die betreffende **Sorte darf keine F1-Hybride, sondern muss „samenfest" sein** bzw. „sortenecht fallen". Das bedeutet, dass die Nachkommenschaft aus den Samen die gleichen Eigenschaften und Merkmale aufweisen werden wie die Mutterpflanze und dass auch die „Geschwister" untereinander homogen sind.
- Bei den sogenannten F1-Hybriden ist dies nicht gegeben. Diese Sorten sind stark züchterisch bearbeitet und als sogenanntes Einmal-Saatgut angelegt: **Die gewünschten Sorteneigenschaften kommen also nur im ersten Jahr zur vollen Ausprägung**. Werden von einer solchen Pflanze Samen geerntet und ausgesät, bietet die nächste Generation ein höchst uneinheitliches, in vielerlei Hinsicht auch schlechteres Bild. Die Sorte „spaltet auf", verliert an Vitalität und ist nicht beständig – lässt sich im Hausgarten also nicht sinnvoll vermehren.

MANUFACTUM-TIPP

Mit Ausnahme der als „platzfest“ ausgewiesenen Sorten, reagieren Tomaten empfindlich auf eine ungleichmäßige Wasserversorgung – eben mit dem Aufplatzen der Früchte. Werden diese Tomaten schnell geerntet, sind sie zwar noch genießbar, schmecken dann aber meist fad und wässrig. Gießen Sie daher regelmäßig und schützen die Pflanzen vor Starkregen.

Einfach in Wasser legen

- Für die Samenernte sollten generell nur vollreife und sortentypisch ausgefärbte Tomatenfrüchte von gesunden, reich tragenden Pflanzen verwendet werden. Halbieren Sie die Früchte, löffeln die Samen samt anhaftendem Fruchtfleisch in ein Wasserglas und decken es mit Frischhaltefolie ab. Es setzt nun eine Gärung ein, während derer **sich die schleimige keimhemmende Schicht, die den Samen umhüllt, löst**. Die Samen sinken im Glas zu Boden; sie fühlen sich nun nicht mehr glitschig, sondern rau an.
- Dieser Abbauprozess dauert in der Regel ein bis zwei Tage, und sein Ende muss genau abgepasst werden. **Erfühlen Sie dazu mit den Fingern die Rauigkeit der Samen**. Sie müssen dann sofort aus dem Wasser geholt werden, da sie dort nun – mit abgebauter Keimschutzschicht und in feuchtwarmer Umgebung – beste Keimbedingungen vorfinden und dann nicht mehr zu verwenden wären.
- Füllen Sie die Masse aus dem Glas in ein Sieb und spülen das übrige Fruchtfleisch mit klarem Wasser unter einem harten Strahl ab. Zum Trocknen werden die Samen am besten auf einem Kaffeefilter oder Küchenpapier ausgebreitet; achten Sie dabei darauf, dass keine Samenkörner an- oder übereinanderliegen.
- Die trockenen Samen können dann in einer verschlossenen lichtdichten Dose oder einem Papiertütchen an einem trockenen Ort aufbewahrt werden; **Tomatensamen sind einige Jahre gut haltbar**. Nicht vergessen: Beschriften Sie das Gefäß oder Tütchen mit dem Sortennamen!

Während der Gärung in Wasser löst sich die schleimige Schicht, die die Samen vorher umhüllt hat.

Was Tomatenpflanzen jetzt guttut

- Vor allem im Gewächshaus oder unter anderen Schutzdächern ist es wichtig, für eine gute Durchlüftung der Pflanzen zu sorgen und damit Pilzkrankheiten zu vermeiden. Voraussetzung dafür ist, dass der Bestand nicht zu dicht ist. **Entblättern Sie deshalb die Pflanzen von unten her** – dies geht meist sehr gut mit den Händen; die Triebe dürfen aber nicht durch lang abreißende Blätter beschädigt werden. Sind die Blätter gesund, lassen Sie sie einfach auf dem Boden unter den Pflanzen als Mulch liegen.
- Im Zuge dieser Arbeit sollten Sie gleich **auf einen eventuellen Befall mit Braunfäule achten**, kranke Blätter und Früchte sofort aus dem Bestand entfernen und über den Hausmüll – keinesfalls den Kompost! – entsorgen. Folgt auf eine feuchtwarme Periode (in der sich der Braunfäulepilz besonders gut verbreitet) wieder trockene Witterung, erholen sich die Pflanzen häufig wieder und bringen neue gesunde Früchte hervor.

- Aus Blüten, die ab Mitte August erscheinen, reifen bis zum Herbst meist keine aromatischen Früchte mehr. **Entfernen Sie deshalb ab jetzt die neuen Blütenrispen**, damit die Pflanze alle Kraft in die Reife der vorhandenen Früchte stecken kann. Ist die Pflanze ohnehin schon sehr groß (Stabtomaten erreichen leicht Höhen von 3 m und mehr), kann auch die komplette Spitze gekappt werden – lassen Sie dabei ein bis zwei Blätter über dem letzten erwünschten Blütenstand stehen. **Die Pflanze stellt dann ihr Höhenwachstum ein** und bildet folglich auch keine neuen Blütenrispen mehr.
- Je größer die Pflanzen werden, umso mehr Wasser benötigen sie. Gießen Sie regelmäßig reichlich und düngen auch weiterhin. Dazu eignet sich am besten Brennnessel- oder Beinwelljauche, die mit einer Kanne ohne Brause direkt an den Fuß der Pflanzen gegossen wird; alternativ können Sie einen stickstoff- und kalihaltigen, organischen Dünger rund um die Pflanze auf den Boden streuen, mit Harke oder Grubber leicht einarbeiten und dann wässern.

Wenn beim Ernten der Fruchtstiel an dem kleinen Knick gebrochen wird, verbleiben die Kelchblätter an der Tomate.

Ernten, ernten, ernten

- Am besten pflücken Sie Tomaten zwei bis drei Tage nachdem sich die Haut sortentypisch verfärbt hat. Lagern Sie Ernteüberschüsse am besten bei Zimmertemperatur; im Kühlschrank bleiben die Früchte zwar länger schnittfest, verlieren aber schnell an Geschmack.
- Der richtige Reifezeitpunkt bei grünen Tomatensorten ist daran zu erkennen, dass die Früchte bei vorsichtigem Drücken leicht nachgeben und sich am Stielansatz – je nach Sorte unterschiedlich stark – orangefarben oder gelb verfärben.
- Tomaten sind **länger haltbar, wenn sie mitsamt der Kelchblätter geerntet werden**. Dies gelingt einfach, wenn Sie zum Pflücken leicht gegen den kleinen verdickten Knick oberhalb des Fruchtstielansatzes drücken. Ist die Tomate reif, löst sie sich genau an dieser Sollbruchstelle, und die Kelchblätter verbleiben an der Frucht.

Wie war das noch mal?!

1. Nur von gesunden, vollreifen und sortentypischen Früchten Samen ernten.
2. Zum Abbau der glitschigen Schutzschicht die Samen in ein Glas mit Wasser geben.
3. Wenn sich die Samen rau anfühlen, aus dem Glas entfernen und mit hartem Wasserstrahl abspülen.
4. Die Samen auf einem saugfähigen Papier trocknen und anschließend lichtgeschützt aufbewahren.
5. Die Tomatenpflanzen jetzt von unten entblättern, damit der Bestand luftig und gesund bleibt.
6. Ab Mitte August alle Blütenrispen entfernen oder die Pflanzenspitze kappen.

Neue Erdbeeren braucht das Beet

Erdbeeren pflanzen, pflegen und vermehren

Zum Ende der Haupterntezeit fallen im Erdbeerbeet einige Arbeiten an. Die Jungpflanzen können nun abgetrennt und die Mutterpflanzen zurückgeschnitten sowie gedüngt werden. Im August ist zudem die ideale Zeit, um neue Erdbeeren zu pflanzen.

Gute Voraussetzungen schaffen

- Da bei Erdbeeren der Ertrag mit jedem Standjahr abnimmt, sollten Sie **nach drei bis spätestens vier Jahren den Bestand erneuern** und ein neues Beet anlegen. Wechseln Sie dazu unbedingt auch die Fläche, denn Erdbeeren sind nicht gut mit sich selbst verträglich. Ein Beet sollte erst nach drei bis vier Jahre wieder mit Erdbeeren bepflanzt werden.
- Gut geeignet sind offene, aber nicht windige Lagen in der Sonne oder in leichtem Halbschatten. Erdbeeren sind zwar relativ winterhart, reagieren jedoch empfindlich auf Spätfröste, da sie recht früh blühen. Die Ansprüche an den Boden sind eher gering, **er darf nur nicht staunass sein**. Ideal ist ein gut durchlüfteter humoser, leicht sandiger Lehmboden.
- Lockern Sie den Boden vor der Pflanzung gründlich und entfernen dabei Unkraut und größere Steine. Reichern Sie das Beet mit organischem Material an, **vorzugsweise mit Kompost, der für die humusliebende Erdbeere ideal ist** (3–4 l/m²). Neben dem Düngeeffekt als langsam fließende Nährstoffquelle verbessert er auch das Bodenleben und die Humusbildung. Steht kein Kompost zur Verfügung, geben Sie etwa 10 g eines organischen Düngers in jedes Pflanzloch.

Nicht zu hoch pflanzen

- Pflanzen Sie möglichst nicht bei trockener und sonniger Witterung; der Himmel sollte bedeckt und der Boden feucht sein. Setzen Sie die Pflanzen im Abstand von 25–35 cm bei einem Reihenabstand von 60–80 cm. Bei Erdbeeren ist auch die Pflanztiefe wichtig: **Der Wurzelhals (das „Herz") sollte nur knapp über der Erde liegen**; bei Pflanzen mit Topfballen sollte dieser etwa 1 cm mit Erde bedeckt sein. Zu hoch gepflanzte Erdbeeren zeigen eine gehemmte Wurzelbildung, und es steigt die Auswinterungsgefahr. Sackt der gelockerte Boden nach der Pflanzung etwas ab, müssen die Jungpflanzen dementsprechend „nachgedrückt" werden. Deshalb ist es von Vorteil, das Beet schon zwei bis drei Wochen vor der Pflanzung vorzubereiten, sodass sich der Boden zum Pflanztermin schon gesetzt hat.
- Wässern Sie anschließend kräftig – am besten jede Pflanze einzeln mit einer Kanne ohne Brausekopf – und bedecken den Boden mit einer Schicht aus Laub, Rindenmulch, Stroh oder Grasschnitt. Diese hält die Fläche unkrautfrei und schützt vor Austrocknung – was den Jungpflanzen die Wurzelbildung erleichtert.
- **Erdbeerjungpflanzen sind sehr empfindlich gegen Trockenstress**, da sie noch über ein unzureichendes Wurzelwerk, aber relativ viel Blattmasse verfügen, über die das Wasser verdunstet. Um ein Welken zu verhindern, muss die Anpflanzung in den nächsten Wochen stets ausreichend feucht gehalten werden.
- Beachten Sie bei der Sortenauswahl, **dass viele Erdbeeren selbstunfruchtbar sind** und eine passende Befruchtersorte im selben Beet benötigen, um überhaupt Früchte ansetzen zu können.

MANUFACTUM-TIPP

Aufgrund des relativ großen Reihenabstands lassen sich Erdbeerbeete im ersten Standjahr mit Gemüse zusätzlich nutzen. Geeignet sind Radieschen, Spinat, Steckzwiebeln, Knoblauch oder einjährige Gewürzkräuter, deren Anbau zwischen den Erdbeerreihen außerdem den Vorteil hat, dass der Boden hier nicht ungeschützt und offen bleibt; die Bepflanzung wirkt wie eine Mulchdecke.

Aus eins mach viele

- Erdbeeren lassen sich sehr einfach vermehren, da sie von Natur aus **an langen Ranken fertig ausgebildete Jungpflanzen (Kindel) bilden**, die sich rund um die Mutterpflanze verteilen. Verwenden Sie aber nur Kindel von solchen Pflanzen, die sich durch hohen Ertrag, Wüchsigkeit und gute Gesundheit ausgezeichnet haben – und die Sie deshalb bereits im Juni entsprechend markiert haben (Seite 71).
- Trennen Sie die Jungpflanzen, die bereits im Beet Wurzeln gebildet haben, nun von der Mutterpflanze ab, graben sie aus, und pflanzen sie direkt an den neuen Standort. **Die noch nicht bewurzelten Ableger belassen Sie dagegen an der Mutterpflanze** und fixieren sie – etwa mit einem gebogenen Draht – in kleinen, mit Substrat oder lockerer Beeterde gefüllten Töpfen. Erst wenn sie gut einge-

Nach der Pflanzung müssen die Erdbeeren gründlich gegossen und danach die freie Bodenfläche gemulcht werden.

wurzelt sind, sollten sie von der Mutterpflanze getrennt werden. Sie müssen nicht sofort ins neue Erdbeerbeet gepflanzt werden, sondern können auch noch eine Weile im Topf weiterwachsen. **Entfernen Sie bei allen Pflanzen, die nicht für die Vermehrung vorgesehen sind, regelmäßig alle Ranken**, damit keine Kraft in die Bildung von gar nicht benötigten Ablegern investiert wird.

- Traten im Erdbeerbestand Pilzkrankheiten (z. B. Mehltau) oder Schädlinge (etwa die Erdbeermilbe) auf, müssen die abgetragenen Erdbeerpflanzen Ende Juli auf etwa 5 cm zurückgeschnitten und **alle befallenen Blätter aus dem Bestand entfernt werden**. Bei größeren Beeten kann man den Rückschnitt sehr effizient mit einem Rasenmäher vornehmen, ansonsten eignet sich eine Heckenschere gut. Wichtig ist dabei, die richtige Schnitthöhe einzuhalten, damit das „Herz" der Erdbeerpflanze, also der Vegetationspunkt, aus dem der Neuaustrieb erfolgt, nicht beschädigt oder gar abgeschnitten wird.

Die in kleinen Töpfen herangezogenen Jungpflanzen können jetzt, wenn sie gut bewurzelt sind, ausgepflanzt werden.

Düngen und wässern für den Rest der Saison

- Bei der Düngung von Erdbeeren gilt die Faustregel: **ein Drittel vor der Blüte, zwei Drittel nach der Ernte.** Im August steht also die jährliche Hauptdüngung im Erdbeerbeet an, damit die Pflanzen bis zum Herbst noch kräftig wachsen und neue Blütenansätze für das nächste Jahr bilden.
- Für die humusliebende Erdbeere ist Kompost der am besten geeignete Dünger. Streuen Sie pro Quadratmeter 4–5 l gleichmäßig rund um die Pflanzen auf den Boden und arbeiten ihn mit Harke oder Kultivator leicht ein, ohne dabei die flach verlaufenden Wurzeln zu beschädigen. Ist kein Kompost vorhanden, verwenden Sie stattdessen einen guten organischen Dünger mit ausgewogenen Nährstoffgehalten.
- **Ab Ende September erfolgt bei Erdbeeren die Blütenknospenbildung.** Um diesen Vorgang zu unterstützen, bringen Sie von Ende August bis Anfang September zwei bis drei kräftige Wassergaben aus (je nach Bodenbeschaffenheit 20–30 l/m²).

Wie war das noch mal?!

1. Nach spätestens vier Jahren auf einer anderen Fläche ein neues Erdbeerbeet anlegen.
2. Bei Erdbeeren ist die richtige Pflanztiefe von großer Bedeutung: Die Pflanze darf nicht zu hoch sitzen.
3. Bei der Sortenauswahl beachten, dass viele Erdbeeren eine Befruchtersorte benötigen.
4. Ableger von ertragstarken, wüchsigen und gesunden Mutterpflanzen abnehmen und einpflanzen.
5. Nach Abschluss der Ernte die jährliche Hauptdüngung im Erdbeerenbeet vornehmen.
6. Zur Förderung der Blütenknospenanlage für das nächste Jahr noch kräftig wässern.

So viel wie nötig, so wenig wie möglich

Wasser ist ein kostbarer, in vielen Regionen knapper werdender und damit auch teurer Rohstoff, mit dem Sie deshalb möglichst sparsam umgehen sollten. Dennoch kommt man während längerer Trockenperioden oft nicht umhin, Wasser auszubringen. **Das gilt insbesondere im Gemüsegarten, will man auf eine gute Ernte nicht verzichten**. Neben dem reinen Wasserbedarf der Pflanzen ist nämlich auch zu beachten, dass nur in ausreichend feuchtem Boden die vorhandenen Nährstoffe in eine pflanzenverfügbare Form aufgeschlossen werden können. Nichtsdestotrotz sollten Sie vor allem bei der Nutzung von Leitungswasser den wassersparenden Gebrauch zur obersten Prämisse machen. Dies kann zum einen bedeuten, dass Sie den Wasserbedarf der Pflanzen von vornherein reduzieren, zum anderen, dass Sie Bewässerungsstrategien einsetzen, durch die das Gießwasser den größtmöglichen Nutzen für die Pflanzen entfalten kann.

Durchdringendes, dafür selteneres Gießen ist sehr viel nachhaltiger als häufige, aber geringe Wassergaben.

Den Wasserbedarf reduzieren

Leichte und sandige Böden können nur geringe Mengen Regenwasser speichern und trocknen dementsprechend schnell aus. Gesteinsmehl oder Kompost verbessern solche Böden, zusätzlich hilft eine dauernde Bedeckung der Erdoberfläche (mit Bewuchs oder Mulch), den Wasserverlust durch Verdunstung zu reduzieren.
Gemäß der alten Gärtnerweisheit **„Einmal hacken erspart dreimal gießen“**, hilft auch regelmäßiges Hacken, die Verdunstung herabzusetzen, da die Bodenkapillaren an der Oberfläche unterbrochen werden und somit kein Bodenwasser mehr entweichen kann.
Eine Mischkultur im Gemüsebeet gewährleistet eine gute Bodenbedeckung und hilft damit, die Verdunstung zu reduzieren. Gleiches

gilt für eine Umrandung, etwa aus niedrigen Buchshecken, die die Beetpflanzen vor Austrocknung durch Wind schützt.
Berücksichtigen Sie bei der Standortwahl die Ansprüche der Pflanzen: Schattenpflanzen können beispielsweise an sonnigen Standorten nur mit zusätzlicher Bewässerung gedeihen – wenn überhaupt.

Gute Bewässerungsstrategien

Bei starker Sonneneinstrahlung oder Wind sollten Sie nicht beregnen, denn bis zu 80 % des ausgebrachten Wassers würden abdriften oder verdunsten. Zudem kann die Beregnung in der prallen Sonne zu Blattverbrennungen führen sowie die Temperaturdifferenz zwischen kaltem Wasser und erhitzten Blättern Wachstumsstockungen zur Folge haben.
Die beste Tageszeit für eine sommerliche Bewässerung ist der Abend, wenn die Sonne schon schräg steht, die Blätter aber noch abtrocknen können, um nicht über Nacht von Pilzbefall bedroht zu sein. Nachteilig ist allerdings, dass von einer abendlichen Bewässerung auch die Schnecken profitieren. In schneckenreichen Gärten sollten Sie dann eher am frühen Morgen wässern.
Gießen Sie weniger oft, dann aber durchdringend. Bei nur leichtem Gießen dringt das Wasser nicht bis in den Wurzelbereich der Pflanzen und verdunstet dann rasch. Selteneres, aber durchdringendes Gießen wirkt nachhaltiger und fördert zudem die Ausbildung eines tief reichenden Wurzelwerks, das die Pflanzen unempfindlicher gegen Trockenperioden macht. Eine gezielte Bewässerung direkt am Fuß der Pflanze hilft zusätzlich, die Verdunstung über Boden- und Blattfläche zu reduzieren.
Um ein Gefühl für Niederschlagsmengen und deren Wirkung zu bekommen, stellen Sie einen Regenmesser auf und testen Sie ab und zu, wie tief der Boden jeweils durchfeuchtet wurde.

Die beste Zeit zum Aufstellen eines Regners ist der frühe Abend oder, bei vielen Schnecken im Garten, morgens.

Machen Sie einen guten Schnitt

Sommerschnitt bei Rosen, Stauden und Obstgehölzen

Im Sommer sind in Zier- und Obstgärten verschiedene Schnittmaßnahmen sinnvoll. In ausgelichtete Obstbäume und Beerensträucher gelangt mehr Licht und Luft; Rosen und Stauden bringen nach einem Rückschnitt eine zweite Blüte.

Werden bei Rosen regelmäßig die verblühten Blumen entfernt, regt das die Bildung neuer Blüten an.

Mehr Blüten im Ziergarten

- Blühen Pflanzen innerhalb der gleichen Vegetationsperiode ein zweites Mal, spricht man vom Remontieren. Diese Nachblüte kann durch geeignete Schnittmaßnahmen gefördert werden.
- Schneiden Sie **remontierende Stauden** (wie Rittersporn, Sonnenbraut oder Katzenminze) nach der Hauptblüte bis knapp über den Boden zurück. Dies hat einen Neuaustrieb und einen zweiten Flor zur Folge. Bei anderen Arten (wie Frauenmantel, Zitronenmelisse oder Storchschnabel) empfiehlt sich der bodennahe Rückschnitt aus einem anderen Grund: Die Pflanzen treiben dann mit schönen frischgrünen Blättern neu aus. Versorgen Sie die Stauden nach dem Schnitt mit etwas Kompost und wässern bei Trockenheit ausgiebig.
- Bei **remontierenden Rosen** regt das regelmäßige Entfernen der verblühten Blüten das Nachschieben neuer Knospen an. Schneiden Sie dabei bis knapp über dem darunterstehenden Blatt, sodass keine Stummel stehen bleiben. Ist die Rose insgesamt „aus der Form geraten“, kann auch großzügiger geschnitten werden, um wieder eine kompakte Wuchsform zu erhalten. Denken Sie daran, dass Rosen, bei denen die verblühten Blüten entfernt werden, keine Hagebutten mehr ansetzen können.

Erst ernten, dann auslichten

- Ist die Beerenernte im Garten weitgehend abgeschlossen, sollten die Sträucher ausgelichtet werden. Dies erhält die Vitalität und Gesundheit der Pflanzen und **führt im nächsten Sommer zu einer guten Belichtung der reifenden Früchte**. Auch lassen sich lichte Sträucher besser beernten.
- Kappen Sie bei **Sommerhimbeeren** die abgetragenen Ruten bodennah, um Platz für den neuen Austrieb zu machen und – bei einem etwaigen Befall – der Verbreitung der Himbeerrutenkrankheit vorzubeugen. Entfernen Sie zusätzlich die schwächeren sowie zu dicht stehenden Triebe. Pro Pflanze sollten die vitalsten fünf bis sieben Ruten stehen bleiben und am Gerüst befestigt werden.
- Bei **Johannisbeeren** werden nach der Ernte ältere Triebe (gut erkennbar an der dunklen Rindenfärbung) bodennah entfernt, sodass höchstens acht Leittriebe erhalten bleiben. Die meisten Früchte hängen an den zwei- bis dreijährigen Trieben, an die nach dem Schnitt mehr Licht gelangt. Sie entwickeln sich besser, und im nächsten Jahr bekommen die Früchte mehr Sonne zum Ausreifen. Kürzen Sie bei Schwarzen Johannisbeeren zusätzlich die verbleibenden Triebe auf etwa vier Augen (Knospen) ein. Dadurch entsteht ein Saftstau, der die Bildung neuer fruchtbarer Seitentriebe anregt.
- **Stachelbeersträucher** sollten acht bis zehn ein- bis zweijährige Triebe haben; kappen Sie alle überzähligen und älteren Äste bodennah und entfernen zusätzlich mit Mehltau befallene Triebe.
- Bei **Brombeeren** bilden sich jetzt – an den neuen Ruten, die im nächsten Jahr tragen – in den Blattachseln Seitentriebe (sogenannte Geiztriebe). Schneiden Sie diese auf zwei bis drei Augen zurück. Das Spalier bleibt dann übersichtlicher, und die Früchte dieses Jahres werden besser besonnt.

MANUFACTUM-TIPP

Wenn Sie den Schnitt des Süßkirschenbaums gleich mit der Ernte kombinieren, können auch die (meist schönsten) Kirschen aus der obersten Kronenpartie bequem gepflückt werden, indem man die entsprechenden Äste komplett herausnimmt und auf dem Boden aberntet. Pflücken Sie die Süßkirschen dann mitsamt dem Fruchtstiel, um das Auslaufen des Fruchtsafts (das „Saften") zu verhindern.

Bei Brombeeren empfiehlt es sich, die überzähligen Seitentriebe zu entfernen, damit die Früchte besser reifen können.

Mehr Licht und Luft für Schlinger

- Schlingende Obstgehölze wie Weinreben oder Kiwi sind sehr wüchsig und jetzt im Sommer meist **so dicht belaubt, dass fruchttragende Triebe überwachsen** und die Früchte beschattet werden. Ein Schnitt hilft, die Reife in den kommenden Wochen sowie die Fruchtbildung im nächsten Jahr zu fördern.
- Die fruchttragenden Triebe der **Weinrebe** bilden an den Blattachseln stark beblätterte Seitenäste, die um Wasser und Nährstoffe konkurrieren und die Besonnung der reifenden Früchte erschweren. Schneiden Sie diese Geiztriebe direkt an der Ansatzstelle ab. Dies beugt gleichzeitig Pilzkrankheiten vor, die sich in zu dichtem,

schlecht durchlüftetem Blattwerk gut ansiedeln und schnell verbreiten könnten.

- Entfernen Sie zusätzlich einzelne Blätter, die die Trauben beschatten und deren Reife behindern. Dies aber mit Augenmaß, da es sonst bei sonnigem Wetter zu Sonnenbrandschäden an den unreifen Trauben kommen kann. Ende August sollten die Jahrestriebe entspitzt werden, um die Verholzung und damit die Winterhärte zu fördern.
- Schneiden Sie bei **Kiwipflanzen** die langen Schlingtriebe auf etwa 50 cm zurück; sie fruchten dann im nächsten Jahr an der Basis. Die fruchttragenden Triebe sollten auf vier bis acht Blätter nach den letzten Früchten eingekürzt werden. Bei zu hohem Fruchtansatz empfiehlt es sich zudem, auszudünnen und überzählige Früchte zu entfernen, damit sich die verbleibenden besser entwickeln können. Dies klappt am besten, wenn die Früchte noch ganz klein sind; sie können dann auch – sehr schonend – mit den Fingern abgeknipst werden.

Süßkirschen sollten im Sommer geschnitten werden, da in dieser Jahreszeit die Wundheilung besser ist.

Spezialfall Süßkirsche

- Während oder direkt nach der Ernte ist ein guter Schnittzeitpunkt für Süßkirschen – im Gegensatz zu den meisten anderen Obstbäumen, für die sich der Winterschnitt empfiehlt. Süßkirschen vertragen diesen aber schlechter als andere Arten, weil bei ihnen **bei niedrigen Temperaturen keine Wundheilung einsetzt, Schaderreger eindringen können oder „Gummifluß"** (eine physiologische Störung, die zur Schwächung des Baumes führt) entsteht.
- Ein Schnitt zur Erntezeit hat dagegen mehrere Vorteile: Die Wundheilung erfolgt sehr rasch, und auch größere Schnittmaßnahmen (bis ins alte Holz) werden gut vertragen. Bei großen, wüchsigen Bäumen kann man auf diese Weise das Wachstum etwas drosseln, und die Ausmaße des Baums sowie eine eventuell zu dichte Krone sind im beblätterten Zustand besser zu erkennen.

Wie war das noch mal?!

1. Bei vielen Stauden und Rosen kann durch einen Rückschnitt eine weitere Blüte angeregt werden.
2. Beerensträucher sollten nach der Ernte ausgelichtet werden, um Vitalität und Gesundheit zu fördern.
3. Dabei immer komplette Triebe bodennah entfernen, nicht rundherum alle Triebe einkürzen.
4. Wüchsige, dicht beblätterte Schlingpflanzen wie Wein oder Kiwi auslichten und einkürzen.
5. Im Gegensatz zu den meisten anderen Obstgehölzen sollten Süßkirschen im Sommer geschnitten werden.

Mein
Herbst

Der Herbst ist traditionell die Zeit, um Rosen oder Obstbäume zu pflanzen. Jetzt ist der Boden noch sommerwarm und die Pflanzen wurzeln schnell ein. Es wird geerntet und die Früchte für den Wintervorrat eingelagert, Blumenzwiebeln kommen in den Boden und die Beete werden winterfest gemacht.

Bodenschutz mit Pflanzenhilfe

Auf abgeernteten Beeten Gründüngung aussäen

Sind im Gemüsegarten die ersten Beete abgeerntet und werden nicht gleich wieder bepflanzt, sollten Sie dort eine Gründüngung aussäen. Der Boden wird so vor Austrocknung und Starkniederschlägen geschützt und seine Fruchtbarkeit bleibt erhalten.

Leere Beete nutzen

- Als Aussaatfläche für eine Gründüngung eignen **sich alle Beete, die sonst brachliegen würden**. Dazu gehören abgeerntete Gemüsebeete, die in dieser Saison nicht mehr neu bepflanzt werden sollen, oder abgeblühte Sommerblumenbeete.
- Ziehen Sie die Erde mit einem Kultivator oder einem ähnlichen Werkzeug durch, sammeln dabei größere Steine ab und entfernen Unkräuter. Anschließend sollte das Beet noch mit einem Rechen glattgezogen werden. Bringen Sie den Samen breitwürfig aus und schützen gegebenenfalls die auflaufende Saat mit einem Vlies oder Netz vor Vogelfraß. Bei ausbleibendem Regen muss die Fläche feucht gehalten werden.
- Bei den einjährigen Gründüngungspflanzen **erfriert die oberirdische Pflanzenmasse über den Winter und bedeckt als schützende Mulchschicht den Boden** bis zum nächsten Frühjahr. Arbeiten Sie die Reste zu Beginn der neuen Saison unter – ist noch sehr viel Pflanzenmasse vorhanden, kann diese auch kompostiert werden. Winterharte Arten wie Rot- oder Weißklee werden am besten im Spätherbst untergegraben, damit sie im Frühjahr nicht durchwachsen und die Folgekultur beeinträchtigen.

Die Vorteile auf einen Blick

- Die Gründüngungspflanzen nehmen die im Boden vorhandenen Nährstoffe auf, speichern sie und verhindern so, dass der leicht lösliche Stickstoff oder Schwefel ins Grundwasser verloren geht und dieses belasten. Die Pflanzendecke beschattet den Boden und **schützt ihn davor, bei Trockenheit zu verhärten oder bei Starkniederschlägen zu verschlämmen**. Sie fördert zudem die Bodengare, erhält die Krümelstruktur und vermindert die Ansiedlung von Unkräutern. Durch die reichlich gebildete organische Substanz wird die Humusbildung unterstützt und die nützlichen Mikroorganismen im Boden gefördert.
- Vor allem tief wurzelnde Gründüngungspflanzen wie **Ölrettich lockern und lüften den Boden bis in die Tiefe** bzw. halten ihn locker. Ausgelaugte oder mit bodenbürtigen Schädlingen befallene Böden können mit speziellen Bodenkuren (z. B. Tagetes oder Ölrettich gegen Nematoden) verbessert werden.
- Leguminosen wie Lupine oder Klee sind dazu in der Lage, **in ihren Wurzelknöllchen Luftstickstoff zu binden** und der Folgekultur als zusätzliche Nährstoffquelle zur Verfügung zu stellen. Reißen Sie diese Pflanzen also keinesfalls aus, sondern arbeiten sie nur unter, damit das Wurzelwerk im Boden verbleibt.

MANUFACTUM-TIPP

Die blühenden Gründüngungspflanzen wie Senf, Klee oder Phacelia bieten vielen Nützlingen eine bedeutende Nahrungsquelle – die im Spätsommer umso wichtiger ist, da jetzt relativ wenige Pflanzen Pollen und Nektar bieten. Lassen Sie die Pflanzen aber nicht zur Samenreife kommen, da sonst mit einer (unkontrollierten) Selbstaussaat gerechnet werden muss.

Bienenernährer und Bodenlockerer

- Eine hervorragende Gründüngungspflanze ist **Phacelia**, auch Bienenfreund oder Büschelschön genannt. Verrottet ihr dichtes Wurzelwerk im Boden, trägt dies nennenswert zur Humusbildung bei, ebenso wie das Untergraben des oberirdischen Teils bei einer Höhe von etwa 15 cm. Lässt man die Pflanze zur Blüte kommen, ist sie eine exzellente Bienenweide, die reichlich Nektar und Pollen für die hungrigen Insekten bereithält.
- Der **Ölrettich** keimt und wächst sehr schnell, sodass er rasch den Boden bedeckt und zuverlässig Unkraut unterdrückt – und auch noch spät in der Saison (bis Anfang September) ausgesät werden kann. Die reichlich gebildete organische Masse unterstützt die Humusbildung und fördert das Bodenleben. Besonders hervorhebenswert ist sein tief reichendes Wurzelsystem, das sogar stark verdichtete Bodenschichten auflockern kann. Zudem gibt es Ölrettichsorten, die dazu beitragen, schädliche Nematoden zu reduzieren und befallene Böden „zu säubern".
- Auch **Gelbsenf** bietet die beschriebenen Vorteile einer schnellwüchsigen und tief wurzelnden Pflanze. Seine Senföle regulieren zudem das Bakterien- und Pilzwachstum im Boden.

Gelbsenf lockert den Boden bis in die Tiefe und bildet schnell eine geschlossene Pflanzendecke.

- Beachten Sie aber, dass Ölrettich und Gelbsenf zu den Kohlgewächsen (Brassicaceae) gehören. **Die nahe Verwandtschaft mit vielen Gemüsearten derselben Pflanzenfamilie** (Kohl, Radieschen, Kohlrabi, Rettich oder Kresse) kann dazu führen, dass sich Krankheiten und Schädlinge (allen voran die gefürchtete Kohlhernie) im Garten ausbreiten. Verzichten Sie dann besser auf diese Gründüngungspflanzen.

Leguminosen: die Stickstoffsammler

- Leguminosen sind eine besondere Pflanzengruppe. An ihren Wurzeln befinden sich sogenannte **Knöllchenbakterien, die Stickstoff aus der Luft aufnehmen und pflanzenverfügbar machen können**. Diese Pflanzen sammeln also an ihren Wurzeln Stickstoff und tragen dazu bei, den Düngerbedarf für Folgekulturen zu reduzieren.
- **Einjährige Lupinen** sind außerdem dazu geeignet, verdichtete Böden tiefgründig zu lockern und mit Humus anzureichern. Bei einer Aussaat bis spätestens Anfang Juli, können sie sogar Verdichtungen im Unterboden beseitigen, da die Wurzeln bis 2 m in die Tiefe wachsen können.
- Die mehrjährigen Kleearten **(Rot- und Weißklee)** sammeln ebenfalls an ihrem tief reichenden Wurzelwerk reichlich Stickstoff. Sie eignen sich als Viehfutter, sind eine gute Bienenweide und vertragen auch trockenere Standorte.
- Auch **Luzerne** ist eine mehrjährige Kleeart, die ausgesprochen viel Biomasse bildet. Sie kann daher nicht nur untergearbeitet, sondern auch kompostiert werden. Luzerne ist eine sehr gute Futterpflanze, die auch auf lehmigen und verdichteten Böden wächst.
- Der **Persische Klee** ist dagegen nicht winterhart. Mit den ersten Frösten stirbt die dichte, nur etwa 30 cm hohe Pflanzendecke ab und verbleibt als schützende Mulchschicht den Winter über auf dem Boden. Im Sommer blüht er üppig und lockt zahlreiche Insekten an.
- **Serradella** wächst ebenfalls einjährig und eignet sich auch für leichte, ärmere oder sogar eher saure Böden. Die Blätter sind zart und die Pflanze verholzt kaum, sodass sie auch gerne als Futterpflanze verwendet wird.

Klee gehört nicht nur zu den stickstoffsammelnden Leguminosen, sondern ist auch eine sehr gute Bienenweide.

Wie war das noch mal?!

1. Auf Beeten, die sonst brachliegen würden, Gründüngung aussäen.
2. Breitwürfig aussäen und gegebenenfalls vor Vogelfraß schützen.
3. Die Pflanzen, die über den Winter abfrieren, werden erst im Frühjahr als Dünger untergearbeitet.
4. Je nach Bedarf die richtige Art auswählen (Tiefwurzler, Stickstoffsammler oder Futterpflanze?).
5. Vorsicht aber bei den Kohlgewächsen. Diese nicht verwenden, wenn im Garten Kohlhernie vorkommt.

Eine ganz besondere Lebensform

Innerhalb der Gruppe der ausdauernden mehrjährigen Pflanzen kann man grob in verholzende (Bäume, Sträucher) und krautige Pflanzen (Stauden) unterscheiden. Diese Pflanzen überwintern entweder komplett unterirdisch (nur die Wurzeln oder Rhizome überdauern, und dort befindliche Knospen treiben im Frühjahr neu aus) oder auch mit einem oberirdischen Teil, der durch Verholzen vor Frost geschützt ist und an dem die Knospen für das nächste Jahr sitzen. Zusätzlich gibt es noch die Gruppe der **Zwiebel- und Knollenpflanzen**. Diese ebenfalls mehrjährigen Pflanzen überdauern aber auf ganz andere Weise: mithilfe von unterirdischen Pflanzenorganen (den Zwiebeln und Knollen nämlich), in denen Nahrungsreserven gespeichert werden und mittels derer die Pflanze die Zeit außerhalb ihrer Vegetationsperiode überdauert. Und dies auch – das ist das Ungewöhnliche – bei völliger Trockenheit und sogar außerhalb des Bodens.

Das Sortiment der Blumenzwiebeln und -knollen ist sehr groß und sehr heterogen.

Etwas Botanik

Botanisch gesehen ist eine Zwiebel nichts anderes als ein verkürzter Spross mit verdickten Blättern, die eine Knospe umhüllen. Den Spross bildet die sogenannte Zwiebelscheibe und ist so stark gestaucht, dass die Abschnitte zwischen den Blättern sehr kurz sind. Sie stehen somit dicht an dicht und überlappen sich schuppenartig: So entsteht die typische Zwiebelform. Diese Blätter (die Zwiebelschalen) können keine Fotosynthese betreiben, sondern **dienen allein als Speicherorgan für Reservestoffe**. Sie sind fleischig verdickt und bilden die Hauptmasse der Zwiebel. Im Innern befindet sich – als Fortsetzung der Zwiebelscheibe – die Knospe des Spros-

ses. Die meist braun gefärbte Außenhaut schützt die Zwiebel vor Austrocknung, ist gewöhnlich dünn und trocken und verleiht den einzelnen Arten ihr typisches Aussehen: schuppig, schalig, glatt, glänzend oder matt.
Werden die Zwiebeln eingepflanzt und kommen mit der Bodenfeuchtigkeit in Berührung, bilden sie zunächst am unteren Rand einen Kranz einfacher Nebenwurzeln (ein verzweigtes Wurzelwerk gibt es bei Zwiebelpflanzen nicht); später streckt sich dann der Spross und die Knospe schiebt aus der Zwiebel heraus.
Eine Knolle ist die verdickte Basis des Sprosses. **Sie ist meist flacher als eine Zwiebel** und hat keine ausgeprägte Spitze, sodass oftmals nicht ganz einfach herauszufinden ist, wo oben und unten ist. Typische Vertreter sind Krokus oder Alpenveilchen.

Der Krokus hat keine Zwiebeln, sondern eine Knolle: Sie ist arttypisch plattrund mit faseriger hellbrauner Hülle.

Qualitätskriterien

Die Qualität von Zwiebeln und Knollen wird hauptsächlich durch ihre Größe angegeben – wobei dieser Wert natürlich nur innerhalb derselben Art bzw. Sorte verglichen werden kann. **Die Größe wird als Umfang in Zentimeter angegeben**; gemessen an der breitesten Stelle und dies gleich nach der Ernte (während der Lagerung schrumpfen die Zwiebeln nämlich etwas). 12/+ bedeutet also: „12 cm Umfang und mehr“.
Alternativ gibt es Größenklassen ohne Angabe einer Maßeinheit. Größe I ist dabei immer die beste Qualität – deren tatsächliches Maß aber jedes Jahr anders ausfallen kann. Darüber hinaus ist es schwierig, allgemeingültige Qualitätskriterien zu nennen – dafür ist das Sortiment zu heterogen. Beispielsweise sollten üblicherweise feste und trockene Zwiebeln (wie Tulpen) sich nicht weich anfühlen – bei Alpenveilchen ist es hingegen ganz normal, dass sich die Knollen eindrücken lassen.

Ein Garten ohne Stauden ist ein Irrtum

Neue Stauden setzen oder alte verpflanzen

Im Frühherbst ist für die meisten Stauden die beste Zeit zur Neu- oder Umpflanzung. Der Boden ist jetzt noch warm, sodass die Pflanzen schnell anwachsen, bis zum Winter gut eingewurzelt sind und im nächsten Frühjahr zuverlässig austreiben.

Theorie ...

- Für die meisten Stauden ist der Frühherbst die ideale Pflanzzeit, denn sie vertragen in der Regel jetzt einen Standortwechsel besser, als dies während der Hauptwachstumszeit der Fall wäre. Hinzu kommt, dass der vom vorangegangenen Sommer noch warme Boden das Anwachsen erleichtert. So können die Pflanzen **noch in diesem Jahr ausreichend Wurzeln bilden und sind damit gut gegen die kommenden Winterfröste gewappnet**. Dies erklärt auch, warum im Herbst gepflanzte Stauden gegenüber solchen, die erst im Frühjahr in die noch winterkalte Erde kommen, einen deutlichen Wachstumsvorsprung haben. Ein weiterer Vorteil ist, dass nach einer Pflanzung im Herbst meist weniger häufig gegossen werden muss – das übernimmt die Natur selbst.
- Es gibt aber, wie überall, einige Ausnahmen: Stauden also, die besser im Frühjahr gepflanzt werden. **Sie sind im Herbst entweder noch mitten im Wachstum oder blühen gerade** (wie Herbstchrysantheme, Herbstaster oder Herbstanemone) oder als Jungpflanze empfindlich gegen Frost oder Winternässe (etwa Sonnenröschen, Fackellilie, Mädchenauge oder viele Gräser).

… und Praxis

- Damit die Freude am neuen Staudenbeet lange anhält, ist eine gute Vorbereitung nötig. Dazu gehört die gründliche Bodenlockerung, bei der größere Steine und Unkräuter entfernt werden. **Besonderes Augenmerk gilt dabei den hartnäckigen Wurzelunkräutern wie Quecke und Giersch**, die später kaum noch aus einem eingewachsenen Staudenbeet zu entfernen sind. Verwenden Sie deshalb besser eine Gabel, denn mit einem Spaten könnten die Unkrautwurzeln leicht in viele kleine Stücke zerteilt werden – und sind dann kaum noch auszumerzen.
- Verbessern Sie den Boden mit reifem Kompost (etwa 2–3 l/m^2) und Hornspänen (etwa 50 g/m^2), indem Sie den Dünger gleichmäßig auf der Fläche verteilen und leicht einarbeiten. Bei speziellen Bodenansprüchen einzelner Stauden müssen zusätzlich weitere Maßnahmen durchgeführt werden: etwa eine tiefe Bodenlockerung und Einbringen einer Drainageschicht bei Staunässegefahr oder ein Abmagern des Bodens bei Stauden mit geringem Nährstoffbedarf. Um die Langlebigkeit einer Staudenanpflanzung zu fördern und gleichzeitig den Pflegebedarf zu minimieren, ist es generell aber am besten, **die Auswahl der Stauden von den Verhältnissen im Garten abhängig zu machen** und nicht umgekehrt zu versuchen, einen eigentlich falschen Standort passend zu machen.
- Wässern Sie die Stauden unmittelbar vor der Pflanzung durchdringend. Am besten wird der Wurzelballen in ein Gefäß mit Wasser getaucht. So kann er sich gründlich vollsaugen und zwar so lange, bis keine Luftbläschen mehr aufsteigen. Tauchen Sie Pflanzen mit lockerem, nur schwach durchwurzeltem Ballen mitsamt Topf ins Wasser, um ein Auseinanderfallen der Erde zu verhindern.

MANUFACTUM-TIPP

Soll ein größeres Beet bepflanzt werden, empfiehlt es sich, die Stauden auf der Fläche auszulegen. Anordnung und Pflanzabstände lassen sich so gut überblicken und einfach korrigieren. Dieses Vorgehen ist zudem ideal, wenn frühjahrsblühende Blumenzwiebeln gleich mitgepflanzt werden – was Sie unbedingt tun sollten, um die Blütezeit in der Rabatte zu verlängern.

Wichtig ist das Angießen

- Heben Sie das Pflanzloch entsprechend den Maßen des Wurzelballens ausreichend groß aus, setzen die Staude hinein und drücken den Ballen mit beiden Händen gut an. Anschließend wird mit einer Kanne ohne Brause jede Pflanze einzeln gründlich angegossen – auch bei regnerischem Wetter! Diese Maßnahme dient nämlich weniger der Wasserzufuhr, sondern vielmehr dazu, die Hohlräume im Boden zu schließen, damit der Ballen rundum direkten Kontakt zur umgebenden Erde hat und **somit die Wurzeln von Beginn an Wasser und Nährstoffe aufnehmen können**.
- Das nun einsetzende Wurzelwachstum darf nicht durch Wassermangel oder Konkurrenz durch andere Pflanzen gehemmt werden. Halten Sie deshalb das Beet in den nächsten Wochen penibel

Beim Bepflanzen eines größeren Staudenbeetes empfiehlt es sich, zunächst die Pflanztöpfe zu verteilen, um so die Abstände festzulegen.

unkrautfrei (eine Mulchdecke hilft dabei) und gießen bei Trockenheit regelmäßig. Sind im Garten noch Schnecken unterwegs, schützen Sie besonders „bedrohte“ Stauden mit geeigneten Maßnahmen (Seite 53).

Alte Stauden verjüngen

Durch die Teilung älterer Staudenhorste wird deren Vitalität, Wüchsigkeit und Blühfreude wieder angeregt.

- Mit Ausnahme der gerade blühenden und der späten Herbststauden können jetzt auch zu dicht stehende oder überalterte Staudenhorste geteilt und an einen neuen Standort gepflanzt werden. **Ein typisches Zeichen für Überalterung ist, dass die neuen Triebe hauptsächlich am Rand gebildet werden** und die Staude innen verkahlt; zudem lassen Blühleistung und Wüchsigkeit nach.
- Schneiden Sie bei den zu teilenden Stauden die oberirdischen Pflanzenteile kurz über dem Boden ab, nehmen Sie die Staude mit einer Grabegabel vorsichtig auf und schütteln die lose Erde ab. Teilen Sie große, fest verwachsene Wurzelballen mit einem Spaten. Bei kleineren Pflanzen eignet sich ein Messer meist besser; **flach- oder lockerwüchsige Wurzelballen können auch einfach mit den Händen auseinandergezogen werden.** Entfernen Sie dabei Unkräuter wie Giersch oder Quecke sorgfältig aus dem Ballen, damit sie nicht mit den neu gepflanzten Stauden im Garten verteilt werden. Ein Einkürzen der Staudenwurzeln regt in der Regel ein verstärktes neues Wachstum an.
- Setzen Sie eine Hälfte (bei großen Horsten ein Teilstück) der Staude zusammen mit etwas reifem Kompost, Hornspänen oder einem anderen organischen Dünger wieder zurück ins Pflanzloch bzw. an den neuen Standort. Das Pflanzloch muss etwas größer sein als das Teilstück, damit die Wurzeln senkrecht in die Erde gelangen. **Verwenden Sie bei innen schon verkahlten alten Staudenhorsten nur die äußeren Stücke** wieder und geben die inneren besser auf den Kompost.
- Drücken Sie die Pflanze mit beiden Händen gut an und wässern durchdringend. In den nächsten Wochen muss bei sonnigem trockenem Herbstwetter weiterhin gegossen werden, damit die frisch gepflanzten Stauden vor dem Winter gut einwurzeln.

Wie war das noch mal?!

1. Den Boden im neuen Staudenbeet gründlich vorbereiten und Wurzelunkräuter sorgfältig entfernen
2. Kompost oder einen anderen organischen Dünger einarbeiten.
3. Die Stauden vor dem Einpflanzen gründlich wässern.
4. Nach dem Einpflanzen zusätzlich gründlich angießen, damit sich Hohlräume im Boden schließen.
5. Überalterte, zu große oder blühfaule Staudenhorste teilen und neu einsetzen.

Himmel und Erde: Äpfel und Kartoffeln

Tipps und Hinweise für Ernte und Lagerung

Ende September beginnt die Erntezeit von zwei der beliebtesten Früchte in hiesigen Gärten: Äpfel und Kartoffeln. Vor allem dann, wenn Sie einen Vorrat anlegen wollen, ist der richtige Erntetermin besonders wichtig.

Die richtige Zeit für die Apfelernte

- Die sogenannte Pflück- oder Baumreife ist erreicht, wenn das Fruchtwachstum und die Einlagerung der Inhaltsstoffe abgeschlossen sind – jetzt geerntete Äpfel haben den vollen Geschmack und lassen sich gut einlagern. **Dieser Termin wird von vielen Faktoren beeinflusst und kann jährlich schwanken.** Ein guter Anhaltspunkt ist das erste Abfallen gesunder (also nicht wurmstichiger) Früchte.
- Eine zu frühe Ernte würde Qualitätsverluste hinsichtlich Färbung, Größe, Aroma und Inhaltsstoffe verursachen und die Lagerfähigkeit mindern (Schrumpfen, Schalenbräune, Stippigkeit). Zu spätes Ernten führt zu Gewichtsverlust und Fruchtfall, vermindert ebenfalls die Lagerfähigkeit und erhöht die Neigung zu Fruchtbräune.
- **Beachten Sie auch, dass die Pflückreife nicht bei allen Äpfeln eines Baums gleichzeitig eintritt**, sondern von der Position innerhalb der Krone abhängt. Beginnen Sie auf der Südseite und im oberen Kronenteil mit der Ernte. Pflücken Sie dann in mehreren Durchgängen immer nur die ausgereiften Früchte; diese haben das volle Aroma und die meisten gesunden Inhaltsstoffe – was sie entscheidend von der Supermarktware abhebt.

Die Kipp-Probe gibt Aufschluss

MANUFACTUM-TIPP

Nehmen Sie beim letzten Erntegang in hohe Obstbäume eine Säge mit und entfernen gleich noch ungünstig stehende Äste. Dafür muss dann später nicht noch einmal die Leiter aufgebaut werden.

- Ernten Sie die zur Lagerung bestimmten Äpfel nur bei trockener Witterung (bei hoher Luftfeuchtigkeit sind die Früchte druckempfindlicher und faulen leichter) und nicht bei heißem oder sonnigem Wetter (die Früchte dürfen keinesfalls warm eingelagert werden). Achten Sie darauf, die Äpfel nicht mit den Fingernägeln zu verletzen oder beim Ablegen anzustoßen.
- Machen Sie vor der Ernte die „Kipp-Probe“, drehen also die Frucht am Baum um 90 Grad. **Löst sich dabei der Stiel einfach vom Ast, ist der Apfel pflückreif.** Sollen die Äpfel eingelagert werden, achten Sie unbedingt darauf, dass der Stiel beim Pflücken an der Frucht verbleibt.
- Verwenden Sie zur Ernte in hohen Bäumen eine stabile Leiter. Gut bewährt haben sich Obstleitern, die mit einer beweglichen (dritten) Stütze freistehend in oder unter den Bäumen aufgestellt werden können und die man nicht anlehnen muss. **Die Pflückgefäße sollten nicht zu groß und ausladend sein**, damit sie gut an die Leiter gehängt werden können; sehr praktisch ist auch die Verwendung einer speziellen Pflückschürze mit großen Taschen.

Lageräpfel wie rohe Eier behandeln

Optimal ist es, die zur Einlagerung vorgesehenen Äpfel direkt in die Lagerstiegen zu ernten.

- Behandeln Sie die Äpfel schon bei der Ernte sehr sorgsam und legen sie vorsichtig in Körbe oder Kisten – idealerweise sofort in die Lagerstiegen. Dies erspart einen weiteren Arbeitsgang sowie ein zusätzliches Anfassen der Früchte und die Gefahr von Druckstellen.
- Pflückreife Früchte sollten nicht zu lange am Baum belassen werden, sonst vermindert sich die Haltbarkeit. Ernten Sie Frühsorten, deren Haltbarkeit ohnehin begrenzt ist, gegebenenfalls etwas vor dem „eigentlichen“ Termin, da die Früchte dann weniger druckempfindlich sind.
- Begutachten Sie vor dem Einlagern alle Früchte sehr sorgfältig und **sortieren kranke, beschädigte Äpfel sowie solche ohne Stiel aus.** Diese Äpfel eignen sich hervorragend zur Herstellung von Gelee, Kompott oder Kuchen. Legen Sie die Lageräpfel in gut durchlüftete flache Kisten, Horden oder Stiegen und decken sie mit einem Jutesack oder Zeitungspapier ab. Ideal geeignet ist ein Raum mit hoher Luftfeuchtigkeit und ausgeglichenen Temperaturen zwischen 4 und 8 °C. **Apfelsorten unterscheiden sich zum Teil erheblich hinsichtlich ihrer Lagerfähigkeit**; sie sollten am besten „sortenrein“ in getrennte Kisten gelegt und mit Namen und Lagerdauer beschriftet werden.

Kartoffeln ernten, wenn das Kraut abgestorben ist

- Der richtige Zeitpunkt für die Ernte von Kartoffeln ist von vielen Faktoren abhängig (Sorte, Reifegruppe, Boden, Witterung und Pflanzengesundheit), hat seinerseits aber großen Einfluss auf Geschmack und Lagerfähigkeit der Kartoffeln – und nicht zuletzt auf den Ertrag. **Als Faustregel gilt, die Kartoffeln etwa 14 Tage nach Absterben des Krauts zu ernten.** Die Knollen bilden nämlich erst nach dem Absterben der oberirdischen Pflanze eine dickere Schale, die wichtig für eine gute Lagerfähigkeit ist. Voraussetzung für die Anwendung dieser Regel ist allerdings, dass die Pflanzen nicht mit Braunfäule befallen waren, was zu einem vorzeitigen Absterben des Laubs führte.
- **Für die Kartoffelernte eignet sich eine Gabel am besten.** Sie lässt sich leicht und gezielt in das Erdreich einstechen und verhindert weitgehend eine Beschädigung der Knollen. Auch kann mit ihr anhaftende Erde sowie vertrocknetes Laub gut abgeschüttelt werden. Da die Knollen einer Kartoffelstaude im Boden weit verteilt sein können, empfiehlt es sich, **etwas entfernt von der Pflanze in den Boden zu stechen** und sie von unten anzuheben. Setzen Sie das Werkzeug dabei schräg an und benutzen es wie einen Hebel. Die Knollen, die nicht mit der Pflanze aus dem Boden gezogen wurden, werden anschließend – am besten mit den Händen – aus der umgebenden Erde gegraben.
- Sammeln Sie die Kartoffeln am besten in Metall- oder Kunststoffkörben mit größeren Maschen, durch die lose Erde und kleine Steine herausfallen können – und somit nicht mit ins Lager getragen werden. Für größere Mengen eignen sich auch Jutesäcke (Kartoffelsäcke).
- **Verwenden Sie zum Einlagern nur unbeschädigte, ausgereifte und ungewaschene Kartoffeln.** Sie lassen sich am richtigen Ort – dunkel und kühl mit hoher Luftfeuchte – monatelang lagern, ohne zu keimen, zu schrumpeln oder zu schimmeln. Eine Bedeckung mit „kellerfeuchtem" Sand verlängert die Lagerzeit. Lüften Sie den Raum immer gut, außer bei Frostgefahr. Knollen, die versehentlich bei der Ernte verletzt wurden, sollten gleich aussortiert, separat gesammelt und bald verwendet werden.

Bei der Kartoffelernte lohnt es sich, den Boden weit um die Staude herum zu lockern und nach weiteren Knollen zu suchen.

Wie war das noch mal?!

1. Äpfel ernten, wenn die Pflückreife erreicht ist. Dieser Termin kann sogar innerhalb einer Krone variieren.
2. Ob ein Apfel pflückreif ist, lässt sich mit der „Kipp-Probe" feststellen.
3. Äpfel, die eingelagert werden sollen, immer mit Stiel ernten. Nur unbeschädigte Früchte einlagern.
4. Kartoffeln etwa 14 Tage nach dem Absterben des Krauts ernten.
5. Die Pflanzen vorsichtig mit einer Gabel aus dem Boden „hebeln" und die Knollen von Hand einsammeln.
6. Nur unbeschädigte, ausgereifte und ungewaschene Kartoffeln einlagern.

Für eine frühe Blüte im nächsten Jahr

Im Herbst ist die ideale Pflanzzeit für Rosen

Im Oktober gepflanzte Rosen bilden noch in diesem Jahr neue Wurzeln und treiben daher im nächsten Frühjahr stärker aus als solche, die erst dann gepflanzt werden. Sie gehen vitaler in die neue Gartensaison und blühen etwa zehn Tage früher.

Standortfragen und Pflanzvorbereitung

- Die meisten Rosen bevorzugen einen sonnigen luftigen Standort; einige (wie etwa die Ramblerrosen) wachsen auch noch gut im Halbschatten. Heiße Plätze an oder vor Südwänden oder stark reflektierenden Wegen sollten gemieden werden, da die Pflanzen hier unter Stress leiden und anfälliger für den Befall mit Krankheiten und Schädlingen sind.
- **Rosen wachsen in fast allen (nicht zu sauren) Gartenböden**; diese müssen aber, da Rosen Tiefwurzler sind, tiefgründig und von guter Wasserdurchlässigkeit sein. Verbessern Sie sehr schwere (tonige und lehmige) Böden mit grobem Sand oder Humus und Sandböden mit Humus oder Gesteinsmehl.
- Damit sich die Rose vor der Pflanzung mit Wasser vollsaugen kann, stellen Sie sie für einige Stunden ganz untergetaucht in einen Eimer mit Wasser. **Schneiden Sie die Pflanze danach etwas zurück**, mit einer scharfen Schere, die keine Quetschungen oder unsaubere Schnittflächen verursacht. Kürzen Sie bei wurzelnackten Rosen die Wurzeln auf etwa eine Handspanne unter der Wurzelverzweigung (rund 25 cm) ein und schneiden die oberirdischen Triebe auf etwa 30 cm zurück. Entfernen Sie dabei auch alle beschädigten Pflanzenteile.

MANUFACTUM-TIPP

Soll ein ganzes Rosenbeet neu gestaltet werden, bietet sich die Kombination mit Stauden an. Solche gemischten Pflanzungen sind meist attraktiver und blühen über einen längeren Zeitraum. Die Stauden dürfen die Rosen aber im Wuchs nicht bedrängen und die Standortansprüche müssen passen. Pflanzen Sie dann am besten alles „in einem Rutsch“; andernfalls bestünde später die Gefahr, die Wurzeln der schon im Beet stehenden Pflanzen zu beschädigen.

Wurzelnackte Rosen benötigen ein ausreichend großes Pflanzloch, in dem die Wurzeln nicht abgeknickt werden.

Vom Rosenacker direkt in den Garten

- Von wurzelnackten Rosen spricht man, wenn die Pflanzen nicht im Topf mit Erde geliefert werden, sondern – sozusagen frisch geerntet – direkt vom Feld kommen. Solche Rosen können nicht ganzjährig gepflanzt werden, sondern nur in den Zeiten nach (Herbst) oder vor (Frühjahr) ihrer Hauptwachstumszeit; wenn also entweder das Laub schon gefallen oder noch nicht ausgetrieben ist. Der große Vorteil dieser traditionellen Art der Anzucht ist, dass **das Wurzelwerk – da nicht durch Topfwände eingeschränkt – außerordentlich vital ist** und die Pflanzen schnell am neuen Standort anwachsen lässt.
- Lockern Sie den Boden des ausgewählten Pflanzplatzes **mindestens zwei Spaten tief, um der Rose das Anwachsen zu erleichtern**. Das Pflanzloch muss ausreichend groß ausgehoben werden (etwa 30 × 30 cm); legen Sie dabei die obere humusreiche Bodenschicht beiseite, damit diese später wieder zuoberst eingefüllt werden kann. Bei schwerem Boden empfiehlt sich ein zusätzliches Aufreißen der Pflanzlochsohle, um den Wasserabzug zu verbessern.
- Stellen Sie die Rose aufrecht in das Pflanzloch, füllen die Erde wieder ein und treten sie leicht an. Bei veredelten Rosen muss **sich die Veredelungsstelle (erkennbar an einem leichten Knick oder Wulst) nach der Pflanzung etwa 5 cm tief im Boden befinden**. Würde die Rose höher stehen und die sogenannte Unterlage (meist eine Wildrose, auf die die Edelsorte aufveredelt wurde) Licht bekommen, würde sie verstärkt austreiben und die meist schwächere Edelsorte schnell überwachsen.
- Wässern Sie anschließend die Pflanzstelle gründlich, auch bei regnerischem Wetter. Diese Maßnahme bewirkt nämlich vor allem, dass sich die Hohlräume im noch sehr lockeren Boden schließen und die Pflanzenwurzeln einen allseitigen Kontakt zur umgebenden Erde bekommen (den sogenannten Bodenschluss). Nach dem Gießen darf die Rose nicht tiefer stehen als vorher; ziehen Sie sie also wieder hoch, wenn sie eingesunken ist.
- **Häufeln Sie die Pflanze etwa 15 cm hoch mit Erde an**, um die Veredelungsstelle vor dem kommenden Frost zu schützen. Bei schweren lehmigen Böden empfiehlt sich dabei die Verwendung von Komposterde. Nehmen Sie auf keinen Fall Torf: Er ist zu sauer und trocknet bei ausbleibenden Niederschlägen stark aus. Zudem sollte er im Garten ohnehin nur für Moorbeetpflanzen Verwendung finden.
- **Geben Sie bei der Pflanzung keinen Dünger oder Stallmist zu**, damit die Bildung neuer (Faser-)Wurzeln nicht gehemmt wird. Durch eine knappe Nährstoffversorgung in der Anwuchsphase soll

die Rose nämlich dazu veranlasst werden, auf der „Suche“ nach Nährstoffen tiefe Wurzeln zu bilden. Ab dem zweiten Standjahr werden die Rosen dann im März mit Dünger versorgt.

- Schlagen Sie **bei der Pflanzung von Stammrosen zusätzlich einen bis in die Krone reichenden Stützpfahl** in das Pflanzloch ein und befestigen den Rosenstamm mit einer Achterschlinge daran. Diese verhindert, dass die Pflanze am Pfahl scheuert.

Containerrosen sind ganzjährig verfügbar und können auch im belaubten Zustand gepflanzt werden.

Immer verfügbar: Containerrosen

- Neben der traditionellen Art, Rosen als wurzelnackte Pflanze im Herbst und im Frühjahr zu pflanzen, werden viele Rosen auch in Töpfen als sogenannte Containerrosen angeboten. Der Begriff „Container“ bezeichnet im Gartenbau Töpfe ab 5 l Erdvolumen. Diese Rosen können im Prinzip das ganze Jahr über, **also auch im beblätterten oder sogar schon blühenden Zustand**, **gepflanzt werden**; bei sehr heißem und trockenem Wetter sollte aber dennoch darauf verzichtet werden, um der Pflanze übermäßigen Stress und damit ein schlechtes Anwachsen zu ersparen. Bei der Pflanzung gehen Sie genauso wie oben beschrieben vor.

Der richtige Abstand

- Da Rosen konkurrenzschwach sind und leicht von stark wachsenden Nachbarpflanzen bedrängt werden können, **sollte man einen ausreichenden Pflanzabstand einhalten**. Je nach Wuchsstärke und -form der einzelnen Sorten benötigen die kleineren Beetrosen 40–50 cm Abstand, (moderne) Strauch- und Kletterrosen 1–1,50 m. Bei den historischen Rosen liegen die Abstände bei 1,20 m (für eine Rosenhecke) und bis zu 2 m im Alleinstand. Um besonders eindrucksvolle Solitärsträucher zu bekommen, können auch zwei bis drei Pflanzen im Abstand von 60 cm zusammengepflanzt werden.
- Ramblerrosen müssen je nach Wuchsstärke und Größe der Fläche mindestens 2 m weit auseinander gepflanzt werden. Soll die Pflanze in einen Baum wachsen, ist eine Pflanze pro Baum völlig ausreichend.

Wie war das noch mal?!

1. Den passenden Standort auswählen: luftig, sonnig, nicht zu heiß, mit tiefgründigem Boden.
2. Vor der Pflanzung Triebe und Wurzeln zurückschneiden und die Rose in Wasser stellen.
3. Vorzugsweise wurzelnackte Rosen pflanzen, die über ein besonders vitales Wurzelwerk verfügen.
4. Die Rose so pflanzen, dass die Veredelungsstelle etwa 5 cm tief im Boden ist.
5. Zur Pflanzung keinen Dünger beigeben, danach die Rose anhäufeln.
6. Da Rosen konkurrenzschwach sind, einen ausreichenden Abstand zu Nachbarpflanzen vorsehen.

FÜR KLEINE GÄRTNER

Eine neue Wohnung für den Igel

Trotz seiner spitzen Stacheln gehört der Igel zu den Sympathieträgern in unserer heimischen Tierwelt. Ihn im Garten anzusiedeln ist daher für Kinder wie Erwachsene ein Anliegen – warum ihm also nicht gemeinsam ein Quartier für seinen Winterschlaf bauen?

Material

- Holzbretter und -leisten, passend zurecht gesägt und vielleicht mit einem witterungsbeständigen, aber unbedingt schadstofffreien Öl eingepinselt
- Ein Akkuschrauber (mit aufgeladenem Akku!) und ein Päckchen Schrauben
- Etwas Sand oder Holzwolle für den Boden
- Ganz viel Laub, um das fertige Häuschen zu bedecken, damit sein Bewohner vor Regen, Schnee und Frost geschützt ist

So wird's gemacht

Ein Igelhaus sollte rechteckig gebaut werden; etwas länger als breit, damit sich der Igel ein Stückchen entfernt vom Eingang zur Ruhe legen kann. Ein gutes Maß für die Grundfläche ist 30–35 cm breit und 40–45 cm lang; die Höhe sollte etwa 25 cm betragen.

Im ersten Schritt werden die Holzbretter in Stücke passender Länge gesägt, ebenso wie die Leisten, die die „Eckpfosten" bilden. Der Eingang zum Igelhäuschen kann rund oder eckig sein und kommt später an eine der beiden kurzen Seiten.

Dann schraubt man die Brettchen von außen an die Holzleisten; einmal rundherum, so dass ein unten und oben offener Rahmen entsteht. Eine Platte mit den Maßen der Grundfläche dient später als Dach. Der Rahmen wird an eine passende Stelle im Garten gestellt; am besten etwas geschützt unter einem Baum, einem Strauch oder einer Hecke. Damit der Igel nicht geweckt wird, sollte sein Haus an einem möglichst ungestörten Platz im Garten stehen.

Jetzt wird im Häuschen ein Teppich aus Sand, Holzwolle, Holzhäcksel oder einem ähnlichen Material verlegt, damit es von unten warm und trocken bleibt. Das Häuschen darf deshalb auch nicht in einer Kuhle stehen, wo sich bei Regen Wasser sammeln könnte.

Damit sich der Igel im seinem neuen Haus in eine Decke aus Laub einmummeln kann, wird es locker mit Blättern gefüllt, die ja gerade überall von den Bäumen fallen. Das Laub für den Innenraum sollte unbedingt trocken sein und auch möglichst frei von Krankheiten und Schädlingen.

Jetzt wird das Dach aufgelegt und zum Schluss ein großer Haufen Laub über das Häuschen getürmt, damit kein Frost zu seinem Bewohner durchdringen und er im Frühjahr gesund und munter herauskrabbeln wird.

Düngen, wässern, ernten

Das Gemüsebeet im Herbst bestellen

Gesät und gepflanzt wird nun kaum mehr; das Hauptaugenmerk im Gemüsegarten liegt im Herbst auf der Pflege der späten Kulturen (wässern, abdecken, Boden lockern) sowie der Ernte und gegebenenfalls der Einlagerung geeigneter Gemüse.

Lagergemüse will noch draußen bleiben

- Viele Gemüse und Salate vertragen leichte Minusgrade: etwa Möhre, Sellerie, Rote Bete, Petersilienwurzel, Pastinake, Chinakohl, Zuckerhut, Radicchio oder Endivien. Lassen Sie diese Pflanzen so lange wie möglich in den Beeten stehen und **sorgen Sie bei leichten Frösten lieber für eine schützende Abdeckung** mit Vlies oder Fichtenreisig, die ein paar Grad ausgleichen.
- Insbesondere für die Gemüse, die zur Einlagerung vorgesehen sind, gilt nämlich, dass sie so lange wie möglich im Beet bleiben sollten. **Je länger sie dort ausreifen können, desto besser sind später der Geschmack und die Lagerfähigkeit.**
- Erst wenn starke Nachtfröste drohen, ist es Zeit, die Gemüse zu ernten und im Keller einzulagern. Wählen Sie dazu einen trockenen Tag, damit die Rüben und Wurzeln nicht feucht ins Lager kommen. Steht Ihnen ein Gewächshaus oder Frühbeet zur Verfügung, ist dort auch ein „Einschlagen" zu empfehlen: Die Pflanzen werden zu diesem Zweck mitsamt der Wurzel ausgegraben und provisorisch wieder eingepflanzt – und können dann später erst „richtig" geerntet werden.

Bei schwachem Frost ist es besser, das Gemüse mit Vlies abzudecken und im Beet zu belassen, statt schon zu ernten.

Pflegearbeiten im herbstlichen Gemüsebeet

- Halten Sie den Boden zwischen den Reihen von **Spinat**, **Feld- und Zichoriensalat** durch leichtes Harken locker und entfernen dabei aufgelaufene Unkräuter. Die Jungpflanzen der ausgesäten **Winterkopfsalate** werden nun in tiefe Furchen ins Beet ausgepflanzt und bei Frost mit Tannenreisig abgedeckt. In der ersten Oktoberhälfte können zusätzlich noch **Wintersteckzwiebeln** und **Knoblauch** gesteckt werden.
- Wässern Sie bei anhaltender Trockenheit alle Salate sowie die **späten Kohlarten** und andere Wintergemüse. **Knollensellerie** wächst bei warmer Witterung noch bis Ende Oktober und benötigt bis zur Ernte noch viel Wasser. Bei trockener Witterung muss er also reichlich gegossen werden.
- **Schwarzwurzeln** und **Topinamburknollen** können den ganzen Winter im Boden gelassen und bei Bedarf frisch ausgegraben werden – vorausgesetzt, der Boden ist nicht bis in die Tiefe gefroren. Um dies zu verhindern, decken Sie den Standort mit einer wärmenden Schicht aus Laub oder Stroh ab.
- Kontrollieren Sie kümmernde **Kohlpflanzen** bei der Ernte auf den Befall mit Kohlhernie. Dieser ist an knollenartigen Verdickungen an den Wurzeln zu erkennen, die die Leitungsbahnen schädigen und somit den Wassertransport stören, was zum Kümmern und Welken führt. Da diese Krankheit kaum zu bekämpfen ist, müssen befallene Pflanzen unbedingt komplett aus dem Garten entfernt, also in die Biotonne gegeben werden und keinesfalls auf den Kompost!

MANUFACTUM-TIPP

Eine wichtige Maßnahme zur Schneckenbekämpfung findet jetzt statt – wenn die „Saison" der gefräßigen Tiere eigentlich zu Ende ist. Zwar sind nun kaum noch Schäden zu beklagen, es beginnt aber die Zeit der Eiablage, also die Sicherung der nächsten Schneckengeneration. Hacken Sie deshalb die Beete nach der Ernte sofort durch und ziehen Sie sie glatt, damit die Tiere keine Erdlöcher oder -ritzen vorfinden, um dort ihre Eier abzulegen.

Viele Gemüse wachsen jetzt noch kräftig weiter und müssen bei Trockenheit ausreichend gegossen werden.

Vor dem ersten Frost ...

- Fenchel, Brokkoli, die letzten Pflücksalate, Gurken, Paprika und Tomaten können fast täglich geerntet werden. Endivien und Zuckerhut sind nun reif, ebenso wie Rote Bete, Schwarzwurzeln, Rettich und die späten Radieschen und Möhren.
- Vor der ersten Frostnacht sollten **die letzten Tomaten gepflückt werden; unreife Früchte können dann noch im Haus nachreifen**. Legen Sie unbeschädigte (Einzel-)Früchte einlagig in Kisten, und stellen Sie sie im Dunkeln auf. Alternativ können die kompletten Fruchtstände abgeschnitten und zur Nachreife kopfüber aufgehängt werden. Für die Bildung des roten Farbstoffs ist nämlich nicht Licht, sondern eine bestimmte Temperatur notwendig: zwischen 15 und 22 °C. Nach etwa drei Wochen ist die Reife abgeschlossen, das Aroma allerdings nicht so ausgeprägt wie bei Früchten, die am Strauch gereift sind.

- Ebenfalls vor dem ersten Nachtfrost müssen die letzten Zucchini und Kürbisse geerntet werden. **Zucchini halten in einem kühlen, frostfreien Raum viele Wochen lang frisch**, und auch die Kürbisse können noch eine Zeitlang liegen bleiben, bis sie verarbeitet werden müssen. Droht noch kein Frost, ernten Sie erst dann, wenn der Stiel verholzt ist und belassen dabei etwa 10 cm Stiel an der Frucht. Sie ist dann länger haltbar. Legen Sie in Regenperioden ein Brett unter die Kürbisse, um Faulstellen zu verhindern.

... oder erst danach ernten?

- Ende Oktober ist Erntezeit für Lagerrüben (Rote Bete, Steckrübe, Knollensellerie, Rettich und Möhren). Damit die Früchte nicht ausbluten, faulen oder vertrocknen, müssen Sie bei der Ernte behutsam zu Werke gehen – am besten eine Gabel verwenden, keinen Spaten – und **nur völlig unversehrtes Erntegut ins Lager geben**. Das Laub sollte nicht abgeschnitten, sondern vorsichtig abgedreht und die Wurzel an der Rübe belassen werden.
- Klopfen oder schütteln Sie anhaftende Erde vorsichtig ab und füllen die Rüben lagenweise – abwechselnd mit feuchtem Sand – in geeignete Behältnisse. Dies können Holzkisten sein, die gegebenenfalls mit Folie oder Papier ausgeschlagen werden, Zinkwännchen, große Steingefäße oder Kunststoffbottiche. In einem kühlen luftfeuchten Raum lassen sich die Rüben dann bis zum nächsten Frühjahr lagern; je höher die Luftfeuchtigkeit ist, desto weniger Wasser verlieren sie.
- **Beginnen Sie mit der Ernte von Grün- und Rosenkohl erst nach dem ersten Frost**. Durch Frosteinwirkung erhöht sich der Zuckergehalt, das Gemüse wird aromatischer und entwickelt erst dann seinen typischen Geschmack. Es kann, wie auch Lauch, den ganzen Winter über frisch vom Beet geerntet, also im Freiland stehen gelassen werden. Nur in sehr rauen Lagen ist eine Abdeckung mit Reisig zu empfehlen.

Wurzelgemüse, die zur Einlagerung vorgesehen sind, dürfen bei der Ernte nicht beschädigt werden.

Wie war das noch mal?!

1. Gemüse, das eingelagert werden soll, möglichst lange im Beet lassen und bei leichtem Frost abdecken.
2. In noch belegten Beeten den Boden locker halten und Unkräuter weiterhin entfernen.
3. Bei längeren Trockenperioden Salate, Kohl und andere Wintergemüse wässern.
4. Die frostempfindlichen Gemüse vor dem ersten Frost ernten; teilweise ist eine Nachreife im Haus möglich.
5. Gemüse für die Einlagerung sorgsam ernten, damit die Rüben und Wurzeln nicht beschädigt werden.
6. Die frostharten Gemüse auf dem Beet belassen und erst nach dem ersten Frost sukzessive ernten.

Auch wenn morgen kein Weltuntergang droht …

… jetzt Apfel- und andere Obstbäume pflanzen

Mit dem herbstlichen Laubfall, der den Beginn der winterlichen Ruhephase ankündigt, beginnt die Pflanzzeit für wurzelnackte Obstgehölze wie Apfel, Birne, Pflaume, Zwetschge oder Kirsche. Diese ballenlosen Bäume kommen direkt vom Feld und verfügen über ein sehr vitales Wurzelwerk.

Vorbereitende Arbeiten

- Vor der Pflanzung sollten Sie sich Kenntnis über den pH-Wert Ihres Bodens verschaffen, da dieser in vielen Regionen für etwas anspruchsvollere Obstgehölze zu niedrig ist. (**Der optimale Wert liegt in der Regel bei 6 bis 6,5.**) Eine Bodenanalyse gibt Aufschluss über den aktuellen Stand und liefert gleichzeitig eine Empfehlung mit, was zu tun ist.
- So sollten zu saure Böden am besten mit kohlensaurem Magnesium-Kalk behandelt werden. Bei sandigen Böden empfiehlt sich die Zugabe von Humus oder Bentonit; lockern Sie schwere, tonige Böden tief und gründlich auf. Reißen Sie zusätzlich die Pflanzlochsohle mit einer Gabel auf, um eine Vernässung im Wurzelbereich zu verhindern.
- **Gute Baumschulen liefern in der Regel schon pflanzfertig geschnittene Bäume.** Wenn Sie selbst schneiden, kürzen Sie die Triebe um etwa ein Drittel ein, um den Wasserverbrauch nach der Pflanzung möglichst gering zu halten. Schneiden Sie jeweils knapp über einer Knospe und verwenden dazu eine scharfe Schere, die eine saubere Schnittfläche hinterlässt. Entfernen Sie zusätzlich gebrochene oder beschädigte Äste sowie ebensolche Wurzeln.

MANUFACTUM-TIPP

Beachten Sie bei der Pflanzung groß werdender Obstgehölze unbedingt den Abstand zum Nachbargrundstück, aber auch zu benachbarten Pflanzen sowie Gebäuden. Diese Bäume sind ein wichtiger Teil Ihrer langfristigen Gartenplanung, da sie viele Jahrzehnte am selben Ort stehen werden. Ein entscheidendes Kriterium ist dabei auch der zu erwartende Schattenwurf.

Ein großes Pflanzloch ausheben und nicht düngen

- Voraussetzungen für die Pflanzung wurzelnackter Bäume sind **eine frostfreie Wetterlage und ein nicht gefrorener Boden**. Pflanzen Sie den Baum möglichst gleich nach dem Kauf bzw. Erhalt per Post; stellen ihn aber einen Tag oder einige Stunden vor der Pflanzung in einen Eimer mit Wasser, damit sich die Wurzeln „vollsaugen".
- Heben Sie das Pflanzloch ausreichend groß aus, also deutlich größer als das vorhandene Wurzelwerk. **Wichtig ist nämlich, dass die sich neu bildenden Wurzeln in lockere Erde einwachsen können.** In der Regel bedeutet das eine Pflanzlochtiefe von 40–60 cm bei einem Durchmesser von 60–80 cm. Wurden die Pflanzlöcher schon einige Wochen früher vorbereitet, finden die Wurzeln in der lockeren, schon abgesetzten Erde optimale Bedingungen vor.
- Geben Sie bei der Pflanzung auf keinen Fall Dünger oder Stallmist zu, da dies eine zügige (Faser-)Wurzelentwicklung hemmen würde. **Gut verrotteter Kompost oder Gesteinsmehl sind dagegen gut zur Bodenverbesserung geeignet.** Am besten werden sie mit dem Erdaushub vermischt und dann mit dem Auffüllen des Pflanzlochs gleichmäßig verteilt.

Stützen, rütteln und wässern

Ein Korb aus Maschendraht schützt frisch gepflanzte Bäume vor Wühlmausverbiss an den Wurzeln.

- Schlagen Sie als Erstes neben die Mitte des Pflanzloches einen stabilen Stützpfahl ein; er soll später etwa eine Handbreit vom Stamm entfernt stehen. **Die Länge des Pfahls ist abhängig von der Baumform**: Bei Halb- und Hochstämmen soll er etwa 10 cm unterhalb des Kronenansatzes enden, bei schwach wachsenden Baumformen wie Spindel- oder Buschbaum dagegen weit in die Krone hineinragen, da er auf Dauer für die Standfestigkeit des Baums verantwortlich ist.
- Stellen Sie den Baum gerade neben den Pfahl und füllen das Pflanzloch mit dem Erdaushub auf. Ein wiederholtes Rütteln des Baums während dieser Arbeit stellt sicher, dass sich die Erde setzt und im Wurzelbereich keine Hohlräume verbleiben. Haben Sie Wühlmäuse im Garten, sollte das Pflanzloch vor dem Einsetzen des Baums mit einem engmaschigen Drahtgitter ausgelegt oder **ein spezieller Wühlmauskorb aus Maschendraht** hineingesetzt werden. Stellen Sie den Baum in diesen Korb und biegen Sie die Drahtenden nach dem Einfüllen der Erde zusammen, sodass sie über den obersten Wurzeln dicht verschließen.
- Anschließend wird die Erde behutsam festgetreten und mit einer Gießkanne mit Brause durchdringend gegossen. Diese Maßnahme dient nicht vornehmlich der Wasserzufuhr – und ist deshalb auch

bei Regenwetter auszuführen –, sondern stellt sicher, dass auch die letzten Hohlräume im Pflanzloch verschwinden und die Wurzeln rund herum mit Erde umgeben sind. Sackt der Baum dabei etwas ab, ziehen Sie ihn wieder in die alte Position hoch.

- Apropos Höhe: Bei veredelten Bäumen muss sich die **Veredelungsstelle (erkennbar als Knick oder Wulst) etwa eine Handbreit über der Bodenoberfläche** befinden. Ansonsten gilt die Regel, dass die Gehölze so tief gepflanzt werden, wie sie in der Baumschule standen – erkennbar ist dies an der Rindenfärbung.

Junge Bäume können mit einer Manschette aus Holzlatten gegen Fraßschäden am Stamm geschützt werden.

Starthilfen für den Jungbaum

- Damit sich Regen- und Gießwasser – vor allem an Schrägen – besser im Wurzelbereich des Baums sammeln und dort versickern kann, häufen Sie einen kleinen Wall aus Erde rund um die Baumscheibe auf, einen sogenannten Gießrand.
- Binden Sie den Stamm mit Kokosstrick oder einem Spezialband aus Gummi am Pfahl an, am besten mit einer Achterschlinge. Diese verhindert, dass der Baum direkt am Pfahl reiben könnte – er soll vielmehr eine knappe Handbreit Abstand haben. **Das Anbinden ist ausgesprochen wichtig und wird oft unterschätzt.** Es sorgt aber dafür, dass sich der Baum auch bei starkem Wind nicht bewegt und somit keine Gefahr besteht, dass neu entwickelte Wurzeln immer wieder abreißen.
- Ein Mulchen der Baumscheibe (der Bodenbereich rund um den Stamm, unterhalb dessen sich die Wurzeln befinden) fördert ebenfalls das Anwachsen. Bedecken Sie diese Fläche entweder mit einer Schicht aus Gras bzw. Laub oder mit einer fertig zugeschnittenen runden Scheibe aus haltbarer Pappe oder Kokos. **Unkrautbewuchs, also eine Konkurrenz um Wasser und Nährstoffe, wird so unterdrückt**, das Bodenklima im Wurzelbereich verbessert und die Verdunstung von Wasser aus dem Boden stark reduziert. Vor allem in Ortsrandlagen sollte der Baumstamm zusätzlich vor Wildverbiss geschützt werden; etwa mit einer Umhüllung aus Holzlatten, Jutegewebe oder einer Kunststoffmanschette.

Wie war das noch mal?!

1. Den Boden gut vorbereiten, gründlich lockern und gegebenenfalls verbessern.
2. Das Pflanzloch so groß ausheben, dass die neuen Wurzeln in lockeres Erdreich einwachsen können.
3. Erst einen stabilen Stützpfahl im Pflanzloch einschlagen, dann den Baum daneben setzen.
4. Bei starkem Wühlmausaufkommen die Pflanzgrube mit einem engmaschigen Drahtgeflecht auslegen.
5. Nach dem Einfüllen der Erde kräftig angießen. Falls der Baum dabei etwas absackt, wieder hochziehen.
6. Für eine gutes Anwachsen die Baumscheibe mulchen und den Stamm vor Tierverbiss schützen.

Ab ins Winterquartier

Frostempfindliche Knollen- und Kübelpflanzen einräumen

Die ersten Frostnächte beenden die Dahlienblüte, und die Knollen müssen nun zur Überwinterung ins Haus geholt werden. Auch die nicht winterharten Kübelpflanzen sollte man jetzt einräumen, die winterharten dagegen draußen vor starkem Frost und zu viel Nässe schützen.

Dahlienknollen in Kisten überwintern

- Damit die Dahlien so lange wie möglich Reservestoffe für die Überwinterung und die nächste Saison einlagern können, **graben Sie die Knollen erst dann aus, wenn die oberirdischen Pflanzenteile erfroren sind**. Schneiden Sie die krautigen Teile ab, lassen die Stiele aber etwa eine Handbreit stehen.
- Nehmen Sie die Knollen mit einer Gabel vorsichtig auf, ohne sie zu beschädigen. Nach einigen Tagen an einem trockenen luftigen Platz kann die lose Erde abgeschüttelt werden. **Bringen Sie nur gut abgetrocknete intakte Dahlienknollen ins Winterlager**, um die Gefahr von Fäulnis auszuschließen.
- Auf eine Lage Papier in Holzkisten gelegt, können die Knollen bei 6–12 °C in einem dunklen Raum gut überwintern. In eher trockenen Lagerräumen ist eine Abdeckung mit feuchtem Sand oder Rindenhumus hilfreich.
- Dahlien in Töpfen können mitsamt diesen eingeräumt werden. Sie überwintern am besten mit fast trockenem Erdballen; die Erde darf aber nicht komplett durchtrocknen. Räumen Sie nun **auch die Zwiebeln und Knollen von Canna, Gladiolen, Begonien und anderen frostempfindlichen Zwiebel- und Knollenpflanzen** ein und überwintern sie kühl und frostfrei.

An einem frostfreien Ort aufgestellt, überwintern Dahlienknollen gut in einer mit Papier ausgeschlagenen Holzkiste.

Die Exoten ziehen ins Haus um

MANUFACTUM-TIPP

Achten Sie beim Ausgraben der Dahlien darauf, die Sortenetiketten nicht versehentlich zu entsorgen, sondern befestigen diese gleich nach dem Abschneiden des Krauts an den verbleibenden Triebstücken. Ist der Sortenname nicht bekannt, notieren Sie Höhe und Blütenfarbe auf einem neuen Etikett, um im nächsten Jahr wieder passende Zusammenstellungen pflanzen zu können.

- Auch die nicht winterharten mehrjährigen Kübelpflanzen müssen rechtzeitig eingeräumt werden. Tun Sie dies aber so spät wie möglich, da draußen die besseren Bedingungen (Licht, Luftfeuchte) herrschen als in den oft provisorischen Winterquartieren. **Häufig folgt auf die ersten leichteren Frostnächte wieder eine mildere Wetterperiode**, bevor schließlich Dauerfrost einsetzt. Die Pflanzen können dann besser über Nacht mit Vlies abgedeckt werden; das gleicht etwa zwei Minusgrade aus. Stellen Sie die Kübel vor Regen geschützt auf, gießen nur wenig und düngen Sie nun nicht mehr.
- In den Tropen beheimatete Pflanzen wie Hibiskus, Banane oder Bougainvillea sind am empfindlichsten und **müssen ins Haus, sobald die Temperatur unter 0 °C sinkt**. Pflanzen aus der Mittelmeerregion (Oleander, Zitruspflanzen oder Schmucklilie) vertragen Temperaturen bis etwa −5 °C; leichte Fröste steigern sogar ihre Vitalität und dezimieren eventuell vorhandene Schädlinge. Feigen-, Lorbeer- und Olivenbäume vertragen in der Regel Frost bis −10 °C und müssen erst spät ins Haus.
- **Das optimale Winterquartier ist hell (weil die wintergrünen Pflanzen weiterhin Fotosynthese betreiben) und kühl** (damit die Pflanzen eine Ruhephase einlegen und möglichst nicht weiterwachsen). Die optimale Temperatur liegt zwischen 5 und 15 °C und generell gilt: Je wärmer die Pflanzen überwintern, umso heller müssen sie stehen. Laub abwerfende Arten wie Bleiwurz, Feige oder Wandelröschen können auch in einem dunklen Keller oder Treppenhaus bei 0–5 °C aufgestellt werden.
- Entfernen Sie vor dem Einräumen welke, vertrocknete oder beschädigte Pflanzenteile sowie junge, dünne, nicht ausgereifte Triebe. **Lassen Sie den Wurzelballen vorher abtrocknen**; große Kübelpflanzen sind wegen des geringeren Gewichts dann auch besser zu transportieren.
- Viele Gärtnereien bieten übrigens einen „Überwinterungsservice" an, der das Abholen, Überwintern, Pflegen und Zurückbringen der Pflanzen beinhaltet. Dies ist eine gute Alternative, wenn zu Hause kein passendes Winterquartier für große Kübelpflanzen zur Verfügung steht und **kostet am Ende weniger**, da die wertvollen, schon viele Jahre alten Pflanzen so optimal über den Winter kommen.

Große und dementsprechend schwere Kübelpflanzen lassen sich am besten mit einer Karre transportieren.

Temperaturschwankungen abmildern

- Auch die eigentlich frostharten Pflanzen können im Winter Schaden nehmen, wenn sie nicht im Beet, sondern in Gefäßen stehen. Da der Wurzelraum dort begrenzt ist, durchdringt Frost die Erde schneller und tiefer als im gewachsenen Boden. Der Ballen gefriert schnell, taut aber an milden Wintertagen auch rasch wieder auf – das lässt die Wurzeln faulen.

- Bringen Sie daher vor dem Beginn stärkerer Fröste einen Schutz an, der tiefe Minusgrade abmildert und starke Temperaturschwankungen ausgleicht: **Umhüllen Sie die Gefäße mit wärmenden und möglichst isolierenden Materialien** wie Matten aus Kokos, Stroh oder Schafwolle oder mit Vlies, Sackleinen oder Noppenfolie. Dies schützt nicht nur die Pflanzen, sondern in gewissem Maße auch die Gefäße selbst, sollten sie nicht absolut frostfest sein.
- Stellen Sie die Töpfe zum Schutz vor Kälte von unten etwas erhöht auf (auf Holzstücke oder Tonfüße) oder auf eine isolierende Unterlage aus Styropor oder Noppenfolie. Wahlweise können auch kleinere Gefäße in größere oder in Jutesäcke gestellt und der Zwischenraum mit trockenem Laub oder Stroh ausgefüllt werden.

Die Veredelungsstelle von Stammrosen kann durch eine Umhüllung mit Vlies vor Frost geschützt werden.

Die Töpfe an die Hauswand rücken

- Decken Sie die Erde im Topf mit Laub, Nadelholzreisig, einer Kokosmatte oder Sackleinen ab oder häufeln den Wurzelhals der Pflanze (etwa bei winterharten Fuchsien oder veredelten Rosen) mit Erde an. Empfindliche oberirdische Pflanzenteile (wie die Krone von Stammrosen, wo die Veredelungsstelle sitzt) sollten mit Vlies oder einem Jutesack umhüllt werden.
- **Rücken Sie die Pflanzen auf Balkon oder Terrasse an die Hauswand**, wo sie vor Wind und zu viel Niederschlag, der zu einer Vernässung des Wurzelbereichs führen kann, geschützt sind. Ist zusätzlich eine Gartenfläche vorhanden, können kleinere Gefäße auch gut unter Sträuchern geschützt aufgestellt werden.
- Immergrüne Kübelpflanzen (wie etwa Buchsbaumkugeln) können aus gefrorenem Boden kein Wasser aufnehmen. Eine Abdeckung aus Vlies oder Sackleinen bewahrt sie davor, bei sonnigem Winterwetter Wasser zu verdunsten und zu vertrocknen.

Wie war das noch mal?!

1. Dahlienknollen ausgraben, wenn der oberirdische Teil gerade abgefroren ist, und dabei nicht beschädigen.
2. In Kisten einlagern und frostfrei und dunkel überwintern.
3. Die nicht winterharten mehrjährigen Kübelpflanzen rechtzeitig vor zu starkem Frost einräumen.
4. Ist kein passendes Winterquartier vorhanden, die Pflanzen besser in eine Gärtnerei bringen.
5. Winterharte Kübelpflanzungen so schützen, dass starke Temperaturschwankungen ausgeglichen werden.
6. Vor zu viel Nässe schützen und Immergrüne mit Vlies abdecken.

Aufräumarbeiten zum Saisonende

Vor Winterbeginn Werkzeug und andere Geräte einräumen

Bevor der Winter Einzug hält, sollten Sie alle jetzt noch draußen befindlichen Gerätschaften (Werkzeuge, Gießkannen, Gartenschlauch oder Regentonne) einsammeln, entleeren und vor Witterungseinflüssen geschützt in Schuppen oder Garage unterbringen.

Das Wasser muss raus

- Gefriert Wasser zu Eis, kommt es zu einer Volumenausdehnung, die in Behältern oder Leitungen zu einem enormen Druck und in der Folge zu Materialschäden führen kann. Diese sogenannte **Frostsprengung bewirkt undichte Schweißnähte oder Lötstellen** oder führt sogar zum Aufreißen des Materials.
- Leeren Sie daher alle Gießkannen und räumen Sie sie entweder ein oder stellen bzw. hängen sie kopfüber auf, sodass es nicht mehr hineinregnen kann. **Auch alle sonstigen Wasserbehältnisse müssen vor Frostbeginn geleert und abgedeckt oder umgedreht werden**. Ist bei großen Regentonnen oder Mini-Teichen in Gefäßen eine Leerung nicht möglich, stellen Sie einen ordentlichen Holzpfosten ins Wasser. Das Holz federt den Eisdruck ab und verhindert, dass die Wände Schaden nehmen. Räumen Sie alle Gerätschaften aus Kunststoff oder Gummi ein, da das Material durch Frosteinwirkung spröde werden kann.
- Die Leitung zum Außenwasserhahn muss abgedreht, entleert und das Ventil des Hahns geöffnet werden, damit sich in der Leitung kein Wasser ansammeln kann. Umwickeln Sie nicht frostfest verlegte Anschlüsse und Leitungen im Freien mit Vlies oder Sackleinen.

Erde und Rost entfernen

- Nach den letzten Arbeiten im Garten sollten alle Geräte und Werkzeuge, die noch draußen sind, zusammengesucht und in Keller, Garage oder Schuppen gebracht werden, wo sie den Winter über vor Witterungseinflüssen geschützt sind. Dort können sie auch gereinigt, eingefettet und gegebenenfalls repariert werden.
- Befreien Sie die Werkzeuge zunächst von anhaftender Erde. **Größere Klumpen trockener Erde können abgekratzt** und verbleibender Schmutz mit Wasser und einer groben Bürste entfernt werden. Bevor nun weitere Pflegemaßnahmen folgen, lassen Sie die Geräte gut trocknen.
- Bei Geräten aus Edelstahl ist meist keine weitere Reinigung nötig; Werkzeuge aus Kohlenstoffstahl müssen dagegen auch von Rost befreit werden. Leichten Flugrost beseitigen Sie einfach mit Stahlwolle oder Schleifvlies, stärkeren (fest sitzenden) Rost mit einer Drahtbürste.
- **Entfernen Sie bei allen Schneidwerkzeugen den an den Klingen anhaftenden Pflanzensaft**, der vor allem bei Scheren dafür sorgt, dass sie immer schwergängiger werden. Dafür eignet sich in den meisten Fällen Stahlwolle, Schleifpapier oder ein in Reinigungsbenzin oder Spiritus getränkter Lappen; bei hartnäckigen Verschmutzungen sollten die Klingen oder Blätter besser ausgebaut und einige Zeit in Spiritus eingelegt werden.
- Auch der Rasenmäher bedarf nun einer gründlichen Reinigung und Wartung. **Beseitigen Sie mit einem Spachtel und einer groben Bürste Gras- und Erdreste** und leeren Sie bei motorbetriebenen Geräten den Tank (leer fahren oder an der Tankstelle entsorgen lassen). Über den Winter wird (nach Herstellerangaben) Konservierungsöl in den Motor gefüllt und die Starterbatterien zur frostfreien Lagerung ausgebaut. Lassen Sie in einem Fachbetrieb die Messer schärfen, und wechseln Sie schließlich noch das Öl.

MANUFACTUM-TIPP

Die Lebensdauer der meisten Gartenmöbel lässt sich erheblich verlängern, wenn sie im Spätherbst gereinigt, eingeräumt und vor Niederschlägen geschützt untergestellt werden. Möbel aus Holz können nun mit einem Pflegeöl behandelt werden, das den Winter über einziehen kann.

Scherenklingen werden wieder scharf, wenn man sie auf einem Schleifstein abzieht.

Zinken und Klingen schärfen

- Bei Werkzeugen mit geschärften Kanten oder Zinken sowie **bei den Gartenscheren und -messern empfiehlt sich ein regelmäßiges Nachschärfen**, denn das erleichtert die Arbeit mit diesen Geräten ungemein. Ziehen Sie Messer- und Scherenklingen am besten mit einem nassen Schleifstein ab; **Hacken, Gabel oder Spaten lassen sich gut mit einer Handfeile bearbeiten**. Nur wer sehr viel Können und Erfahrung hat, sollte eine Schleifmaschine verwenden; unkundige Anwender tragen in der Regel zu viel Material ab und erhitzen den Stahl so stark, dass er ausglüht – und in der Folge nie wieder richtig scharf werden kann. Auch Sägen, insbesondere motorbetriebene, sollten Sie nur in einem Fachbetrieb schärfen lassen oder das Blatt komplett austauschen.

- Werkzeuge mit „wackeligem“ Kopf sollten – entgegen landläufiger Empfehlung – besser nicht kopfüber in Wasser gestellt werden. Das häufige Aufquellen und Austrocknen des Holzes begünstigt Fäulnisbakterien und erhöht die Bruchgefahr des Stiels direkt hinter dem Werkzeugkopf deutlich. **Besser ist es, einen Holz- oder Eisenkeil einzuschlagen** und somit dauerhaft Abhilfe zu schaffen.

Auch die Holzstiele von Werkzeugen bedürfen einer regelmäßigen Pflege, damit sie nicht spröde werden.

Alles aus Kohlenstoffstahl und Holz einölen

- Zum Schutz vor Rost fetten oder ölen Sie alle Metallteile ein – vor allem die aus Kohlenstoffstahl. Alternativ können die Werkzeuge in einen Eimer mit Sand gesteckt werden, dem etwas Öl zugegeben wurde. Achten Sie bei dieser Methode aber darauf, nur biologisch abbaubares Öl zu verwenden.
- Säubern Sie die Werkzeugstiele mit einem feuchten Lappen, und schleifen das Holz, wenn nötig, ab. Dazu ist ein sehr feines Schleifpapier (Korn 120 und feiner) oder Schleifvlies am besten geeignet; **Stahlwolle hingegen könnte kleine Drahtfasern im Holz hinterlassen**, was sich dann im nächsten Frühjahr schmerzhaft bemerkbar machen wird.
- Auch die Holzteile bedürfen dann einer weiteren Pflegemaßnahme: Reiben Sie die Stiele und Griffe mit **einer 50:50-Mischung von Leinöl (oder Leinölfirnis) und Terpentinersatz** ein. Leinöl pflegt das Holz und erzeugt eine schöne glatte Oberfläche; der Terpentinersatz fördert ein tiefes Eindringen in das Holz. Denken Sie daran, die dafür verwendeten Lappen – wegen der Selbstentzündungsgefahr – niemals offen zu lagern, sondern immer in einer Dose oder einem verschließbaren Glas.

Wie war das noch mal?!

1. Alle Wasserbehälter und Gießkannen vor dem ersten Frost entleeren, ebenso wie den Außenwasserhahn.
2. Gießgeräte, Regner und Schläuche ebenfalls entleeren und in Keller oder Schuppen räumen.
3. Alle Werkzeuge den Winter über einräumen und vor Witterungseinflüssen schützen.
4. Anhaftende Erde und Rost sowie verklebte Pflanzenreste an Scherenklingen entfernen.
5. Zinken, Zähne, Klingen und geschärfte Kanten nachschärfen.
6. Hölzerne Werkzeugstiele fein abschleifen und mit Leinöl einreiben, die Metallteile einfetten bzw. einölen.

Arbeitserleichterung durch gute Qualität

Mit gutem Werkzeug geht die Arbeit im Garten um einiges leichter von der Hand, denn es ist nicht nur weit weniger anstrengend mit einer wirklich scharfen Säge, einem kräftigen Spaten oder einem Rechen mit absolut fest sitzendem Kopf zu arbeiten, es macht auch einfach mehr Freude. Achten Sie deshalb beim Kauf eines neuen Werkzeugs vor allem auf seine Qualität (Material und Verarbeitung) und die Funktionalität – und erst dann auf den Preis.

Nur durch das Schmieden von Hand kann bei Werkzeug höchste Qualität erzeugt werden.

Bei einem guten Werkzeug ist der Kopf funktionsgerecht geschmiedet – und nicht etwa nur in die passende Form gestanzt. Denn nur beim Schmieden kann auf das Werkstück genau eingegangen und das Material an jenen Stellen verdichtet und verstärkt werden, wo dies aus funktionellen Gründen erforderlich ist. Gestanztes und geschweißtes Blech ist dagegen weit weniger belastbar, da es an den stark beanspruchten Stellen eben nicht die notwendige Verstärkung bietet und Schweißnähte das Material schwächen können.

Die Verwendung von **Kohlenstoffstahl bietet den Vorteil**, **dass er stabil, dabei aber auch elastisch ist** (das Werkzeug „arbeitet mit") und zu schärfsten Kanten verarbeitet werden kann. Gartenwerkzeuge aus Edelstahl bieten andere Vorzüge: Sie sind rostfrei, daher pflegeleicht und praktisch unverwüstlich.

Aus gutem Holz gemacht

Werkzeugstiele aus Holz sollen zwei Bedingungen erfüllen: **Zäh und haltbar müssen sie sein und gleichzeitig auch biegsam**, um Stöße abfedern zu können und nicht etwa beim Arbeiten in steinigem Boden gleich zu brechen. Im europäischen Raum ist daher für langstielige Geräte Eschenholz die erste Wahl; Hickory, das Holz der nordamerikanischen Walnuss, wird oft in den USA verwendet.

In Japan wird traditionell leichtgewichtiges Arbeitsgerät bevorzugt und für Werkzeugstiele das besonders leichte Holz von Scheinkastanie oder Blauglockenbaum verarbeitet. **Auch ein möglichst makelloser Wuchs ohne Äste ist ein Qualitätskriterium** für gute Werkzeugstiele, ebenso wie der parallele und senkrechte Verlauf der Jahresringe.

Bei langstieligen Gartengeräten ist ein Stiel aus Eschenholz die beste Wahl. Das Holz ist zäh, aber elastisch.

Kleine Scherenkunde

Grundsätzlich unterscheidet man zwei Scherentypen: Bei der Bypass-Schere gleiten zwei Blätter aneinander vorbei; die Amboss-Schere hat nur eine bewegliche Klinge, die auf den feststehenden Amboss trifft wie auf einen kleinen Hackklotz. Damit sie dabei keinen Schaden nimmt, ist der Amboss immer aus einem weicheren Metall gefertigt als die Klinge. **Bypass-Scheren eignen sich vor allem für wenig Kraft erfordernde, aber präzise Schnitte** an dünnerem Schnittgut wie Rosen, Sträucher oder Stauden. **Mit der Amboss-Schere sind kraftvollere Schnitte an stärkeren Ästen möglich**, sie eignet sich damit vor allem für den Gehölzschnitt.
Hochwertige Scherenblätter sind in der Regel aus Kohlenstoffstahl, dem traditionellen Klingenmaterial, das nicht rostfrei ist und gelegentlicher Pflege bedarf, sich aber besonders hoch härten und extrem scharf zurichten lässt. Dagegen sind Klingen aus spezialgehärtetem Werkzeugstahl zwar weniger korrosionsanfällig, aber auch nicht so scharf und weniger schneidhaltig, weshalb sie öfter nachgeschärft werden müssen.

Spezialisten und Alleskönner

Die Länge der Blätter und Griffe bzw. deren Kombination entscheidet über den Hauptverwendungszweck der Schere. Eine Heckenschere, mit der eher in der Fläche gearbeitet wird, hat beispielsweise lange Blätter, im Verhältnis dazu aber eher kurze Griffe, da keine großen Kräfte erforderlich sind. Astscheren sind dagegen von kräftigen kurzen Klingen gekennzeichnet, haben dafür aber meist längere Griffe, die Reichweite und Hebelwirkung vergrößern.

Gut eingepackt für den Winter

Pflanzen vor Frost und Winternässe schützen

Auch bei grundsätzlich winterharten Pflanzen empfehlen sich einige Maßnahmen, um sie vor winterspezifischen Gefährdungen wie Fäulnis durch zu viel Nässe, Trockenschäden an sonnigen Frosttagen oder Auseinanderbrechen durch hohe Schneelast zu schützen.

Zu viel Regen oder zu viel Sonne

- Binden Sie die Blätter von Pampasgras, anderen hohen Gräsern und Fackellilien zu einem Schopf zusammen. Regenwasser rinnt daran weitgehend außen ab und **dringt nicht in das Innere (das „Herz“) der Pflanze, wo es Fäulnis hervorrufen kann.** Häufen Sie zusätzlich ringsum Laub auf und decken es zum Schutz vor Verwehen mit einigen Fichtenzweigen ab. Auch auf Steppenkerze, Kaiserkrone und Iris sollte eine Laubdecke aufgebracht und diese mit einigen Fichtenzweigen vor Verwehung geschützt werden.
- Während sonniger Starkfrosttage ohne Schneedecke besteht die Gefahr, dass wintergrüne Stauden Trockenschäden erleiden. **Bei Sonneneinstrahlung verdunsten nämlich die grünen Blätter dieser Pflanzen Wasser**; dieser Verlust kann bei gefrorenem Boden über die Wurzeln aber nicht ausgeglichen werden, und die Pflanzen drohen zu vertrocknen. Schattieren Sie sie daher mit einer lockeren Lage Nadelholzreisig oder Vlies.
- Auch empfindliche Kräuter sollten mit Reisig, Stroh oder Laub vor Frost geschützt werden; in rauen Lagen ebenso die zweijährigen Sommerblumen, die mit einer Blattrosette überwintern.

Schneebruch oder Rindenschäden

- Binden Sie Gehölze, die durch Schnee leicht auseinandergedrückt werden könnten (etwa Säulenwacholder, Eibe oder Thuja), mit einer Schnur locker zusammen. Wertvolle Gehölze in Hausnähe, die von Dachlawinen getroffen und beschädigt werden könnten, bedürfen eines aufwendigeren Schutzes, etwa mithilfe eines darübergestellten zeltartigen Lattengestells.
- **Bei sonnigem Winterwetter mit kalten Frostnächten ist bei Gehölzen vor allem der Stamm gefährdet**, wo aufgrund der starken Temperaturunterschiede die Rinde aufplatzen kann. Versehen Sie ihn daher mit einem Kalkanstrich, der wegen seiner weißen Färbung Sonnenlicht reflektiert und tagsüber eine starke Erwärmung der Rinde verhindert. Es gibt fertige Anstriche im Handel; ein bewährtes Rezept zum Selbstmischen ist Folgendes: Lehm oder Tonmehl, Algenkalk und Schachtelhalmbrühe zu gleichen Teilen zu einer zähflüssigen Masse verrühren. Bei kleineren Bäumen können Sie alternativ den Stamm auch mit Sackleinen, Vlies oder Matten aus Holzlatten oder Kokosfaser umwickeln. Diese Maßnahme schützt den Baum gleichzeitig auch vor Wildverbiss.

Mit Kalkfarbe geweißelte Baumstämme erwärmen sich an sonnigen Wintertagen kaum, sodass nachts keine Frostschäden drohen.

Kein Rosenschnitt im Herbst

- Entgegen immer noch weit verbreiteter Praxis **sollte im Herbst kein Rosenschnitt erfolgen,** da in offene Schnittstellen Frost und Krankheiten ungehindert eindringen könnten. Auch würden bei einem vorwinterlichen Schnitt zu viele Knospen entfernt, die den Austrieb der Rose im Frühjahr sicherstellen, auch wenn die Triebe in einem harten Winter eventuell zurückgefroren sind. Der eigentliche Rosenschnitt erfolgt im Frühjahr – zu der Zeit, wenn die Forsythien blühen (Seite 17).
- Kürzen Sie daher im Sommer stark gewachsene Rosen nur dann ein, wenn die Gefahr besteht, dass Triebe bei herbstlichen Stürmen oder unter Schneelast abbrechen könnten. Dies gilt insbesondere auch für Hochstammrosen, deren Krone bruchgefährdet ist. Weitere Ausnahmen sind: **Kranke und wilde Triebe sollten entfernt** sowie dicke, alte Triebe von Kletterrosen bodennah zurückgeschnitten werden. Letzteres verjüngt die Rose und führt zu einem kräftigen Neuaustrieb im Frühjahr.

Anhäufeln oder umhüllen

- Ende November sollten veredelte Rosen (bereits eingewachsene wie frisch gepflanzte) angehäufelt werden, um die Veredelungsstelle vor Frost zu schützen. **Häufen Sie über dem Pflanzenansatz einen etwa 15 cm hohen Erdhügel auf** und verwenden dazu, wo möglich, die umgebende Beeterde; bei schweren, lehmigen Böden besser Komposterde. Benutzen Sie auf keinen Fall Torf, er ist zu sauer und trocknet bei ausbleibenden Niederschlägen stark aus. Er sollte ohnehin im Garten nur in Ausnahmefällen (für Moorbeetpflanzen) Verwendung finden. Wildrosen und andere besonders frostharte Rosen (wie etwa *Rosa alba*) müssen nicht angehäufelt werden.

- **Bei Stammrosen sitzt die Veredelungsstelle direkt unterhalb der Krone**, also in luftiger Höhe. Sie wird am besten geschützt, indem der Rosenstamm bogig umgelegt, die Krone in eine kleine Grube gebettet (wenn nötig mit einem Haken oder einer Astgabel feststecken) und etwa 10 cm hoch mit Erde bedeckt wird. Beachten Sie dabei, dass dieses Umlegen **nur in eine Richtung gelingt, nämlich über den Zapfen am Fuß des Stammes** – nicht von ihm weg, dann würde der Stamm brechen. Der Zapfen befindet sich einige Zentimeter über dem Boden und ist die Schnittstelle, die bei der Anzucht der Unterlage (des Stamms) entstanden ist. Alternativ können Sie die Kronen von Stammrosen (oder nur den Bereich der Veredelungsstelle) auch mit Vlies oder Jute umhüllen.
- Rosen, Stauden und andere eigentlich winterharte Pflanzen sind generell frostempfindlicher, wenn sie nicht im Beet, sondern in Gefäßen stehen. Dort ist der Wurzelraum begrenzt, und **starke Temperaturschwankungen werden durch das geringere Erdvolumen weniger gut abgepuffert**, als dies im Boden eines Beetes der Fall ist. Die Pflanzen können zwar problemlos draußen überwintern (sofern die Gefäße selbst ebenfalls frostfest sind), sollten aber am besten etwas geschützt unter Sträuchern aufgestellt oder mit Sackleinen, einer Kokosmatte oder ähnlichen Materialien umhüllt werden, um starke Temperaturschwankungen abzumildern. Entfernen Sie auf jeden Fall alle Untersetzer, gießen Sie nur noch wenig und düngen nicht mehr.

Das sogenannte Anhäufeln mit Erde oder Kompost schützt die Veredelungsstelle von Rosenpflanze vor Frost.

Wie war das noch mal?!

1. Gehölze, die bei Schneelast auseinanderbrechen könnten, zusammenbinden.
2. Auch hohe Gräser zu einem Schopf zusammenbinden, um die Pflanzenmitte vor Nässe zu schützen.
3. Die Stämme von Obstbäumen mit Kalkfarbe anstreichen, um nächtliche Frostrisse zu verhindern.
4. Wintergrüne Stauden und empfindliche Kräuter mit Reisig oder Laub abdecken.
5. Beetrosen anhäufeln, bei Stammrosen die Veredelung durch eine Hülle aus Sackleinen schützen.

Upcycling: Herbstlaub wird zu Kompost

Laub sammeln und kompostieren

Herbstliches Falllaub ist ein natürlicher Winterschutz für Pflanzen und Boden. Lassen Sie es daher zwischen Stauden und Sträuchern liegen, entfernen es aber von Rasenflächen oder Gehwegen, um dann daraus wertvollen Laubkompost zu machen.

Im Beet förderlich, auf Wegen gefährlich

- Das in die Staudenbeete und zwischen Sträucher gefallene Laub bildet eine **schützende, wärmende und zusätzlich durch Zersetzung nährende Schicht** und sollte erst vor dem Neuaustrieb der Stauden im nächsten Frühjahr entfernt werden. Ausgenommen sind wintergrüne Stauden: Entfernen Sie hier schon während des Laubfalls zu dicke Lagen, damit weiterhin Licht an die Blätter gelangen kann.
- Auch auf dem Rasen darf Laub nicht als Schicht liegen bleiben, denn **darunter würden die Gräser durch Lichtmangel vergilben** und aufgrund von Sauerstoffmangel faulen. Ziehen Sie die Blätter am besten unter Bäume und Sträucher und verteilen sie dort als schützende Mulchschicht oder geben Sie sie auf den Kompost. Türmen Sie zudem in einer ruhigen Gartenecke einen Laubhaufen (vermischt mit etwas Gehölzschnitt) auf, der als Winterquartier für Igel und diverse Nutzinsekten dienen kann.
- **Entfernen Sie das Laub ebenfalls von häufig benutzten Wegen** auf dem eigenen Grundstück sowie gegebenenfalls angrenzenden Bürgersteigen, denn hier erhöht es die Rutschgefahr. Auch die Dachrinnen sollten von Laub freigehalten werden, damit Regenwasser ungehindert abfließen kann.

Nicht alles darf kompostiert werden

- Generell sollten beim Kompostieren von Laub die Verrottungszeiten der unterschiedlichen Arten beachtet werden: Die Blätter von Obstbäumen, Ziersträuchern, Linde, Esche, Erle, Buche, Ahorn, Birke oder Haselnuss liefern schon innerhalb eines Jahres feinen Humus, während das Laub von Walnuss, Eiche, Kastanie, Pappel oder Platane deutlich länger benötigt, **da Gerbstoffe**, **Wachsüberzüge oder hohe Säuregehalte die Rotte behindern**.
- Geben Sie extrem festes Laub, wie etwa das der Platane, besser gar nicht auf den Kompost, sondern sammeln Sie es – auf großen Grundstücken – mit Gehölzschnitt bedeckt separat in einer Ecke oder füllen es in Säcke, um es abfahren zu lassen. Kleinere Mengen schwer verrottbaren Laubs können mithilfe eines Rasenmähers (Kreiselmäher mit Auffangkorb) zerkleinert und dann auf den Kompost gegeben werden. Mikroorganismen haben dann zur Zersetzung eine größere Angriffsfläche, und die Blätter verrotten schneller.
- **Schichten Sie ansonsten Laub für den Kompost immer im Wechsel mit anderen Materialien** (Erntereste, welke Sommerblumen, Rasenschnitt, zerkleinerte Zweige, Küchenabfälle) auf, um die Rotte zu verbessern. Auch Algenkalk, Steinmehl oder Hornspäne und Grobkompost wirkt sich – zwischen die Lagen eingestreut – förderlich auf den Kompostierungsprozess aus. Decken Sie den fertigen Komposthaufen mit Gras, Stroh oder Laub ab.

MANUFACTUM-TIPP

Sammeln Sie krankes Laub (etwa von Birnbäumen mit Rostpilzbefall oder mit Miniermotten befallenes Kastanienlaub) in Säcken und entfernen es aus dem Garten. Viele Städte bieten eine Laubabholung an; die (gebührenpflichtigen) Säcke können dafür an den Straßenrand gelegt werden. Die Verkaufsstellen für diese Laubsäcke finden Sie in Ihrem örtlichen Abfallkalender.

Ein ganz besonderer Stoff

- Fallen große Mengen gut zersetzbaren Laubs an, empfiehlt sich die Herstellung von reinem Laubkompost aus dem am Ende die sogenannte Lauberde hervorgeht: ein **hervorragender Bodenverbesserer und eine dunkle humusreiche Erde** für alle Pflanzen, die einen leicht sauren Boden bevorzugen. Auch das „Zwischenprodukt" Laubmulch ist ein begehrtes Material für schützende und zugleich nährende Mulchschichten.
- Gehen Sie folgendermaßen vor: Laubblätter, am besten von verschiedenen Baumarten und sowohl trockene als auch feuchte, werden vermischt. Auch Grünmaterial (wie zerkleinerte Brennnesseln oder Grasschnitt) kann zugegeben werden, denn diese schnell verrottenden Materialien beschleunigen auch den Zersetzungsprozess des Laubs. Ist das Laub sehr nass, verhindern untergemischte kleinere Zweige ein Zusammenkleben.
- **Schichten Sie das Laub in Lagen von etwa 30 cm auf** und streuen dazwischen Kompost oder Gesteinsmehl und einen tierischen Dün-

Den ganzen Herbst über muss das Falllaub regelmäßig vom Rasen entfernt werden, damit die Gräser nicht faulen.

ger (Mist, Hornmehl) ein, gegebenenfalls auch einen Kompostbeschleuniger. Das Laub kann in einer 2 m breiten und 1,50 m hohen Miete auf dem Boden oder in einem Korb aus Drahtgeflecht kompostiert werden. Im Frühjahr wird der dann stark zusammengefallene Haufen umgesetzt, und nach einigen Monaten (je nach Witterung) ist der Prozess abgeschlossen.

Ein Kompost aus reinem Laub ergibt einen hervorragenden Mulch sowie am Ende beste Lauberde.

Wo wir gerade in der Kompostecke sind

- Vor allem im Winterhalbjahr kann der Rotteprozess in offenen Kompostmieten durch zu viel Nässe gestört werden und in Fäulnis umschlagen. Um dies, wie auch die Auswaschung von Nährstoffen durch starke Winterniederschläge, zu vermeiden, **sollte der Kompost im Spätherbst abgedeckt werden**. Dadurch wird bzw. bleibt es im Inneren auch etwas wärmer, und die Rotte kommt selbst bei niedrigen Außentemperaturen nicht zum Stillstand.
- Legen Sie über den fertigen oder halbfertigen Kompost eine Folie oder Plane. Achten Sie dabei aber darauf, dass die Miete dennoch ausreichend belüftet ist, damit es nicht zu Fäulnis kommen kann. Dies kann dadurch geschehen, dass Sie Holzbalken auf den Kompost legen und erst darauf die Folie. **Setzen Sie halbfertigen Kompost vor dem Abdecken noch einmal um**, da dieser zusätzliche Sauerstoffeintrag die Abbauprozesse fördert.
- Soweit noch nicht geschehen, setzen Sie vor dem Winter alle während der vergangenen Saison (und verstärkt in den letzten Wochen durch das Abräumen der Beete) angefallenen Gartenabfälle ordentlich in einer Kompostmiete auf. Eine vorherige Zerkleinerung und gute Durchmischung sorgt dafür, dass eine ausreichende Luftzirkulation gewährleistet ist. Da solches frisch aufgesetzte Material für die Kompostierung noch viel Feuchtigkeit braucht, darf hier keine Abdeckung mit Folie oder Plane erfolgen; es reicht eine Schicht aus Rasenschnitt, Laub oder Gartenerde.

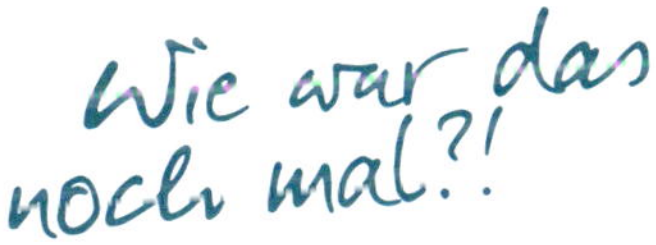

1. Falllaub im Staudenbeet oder zwischen Sträuchern liegen lassen; von Wegen und Rasen entfernen.
2. Das Laub auf den Kompost geben, dabei die verschiedenen Verrottungszeiten beachten.
3. Schwer verrottbares Laub vorher zerkleinern, sehr schwer verrottbares Laub abfahren lassen.
4. Bei großen Mengen reinen Laubkompost anlegen, der zu Laubmulch und später zu Lauberde wird.
5. Alle anderen jetzt angefallenen Gartenabfälle auf den „normalen“ Kompost geben bzw. neu ansetzen.
6. Den fertigen Komposthaufen für den Winter abdecken, damit es nicht zur Nährstoffauswaschung kommt.

Mein Winter

Nachdem die letzten Aufräumarbeiten erfolgt sind, steht schon die Vorbereitung der neuen Saison an. Sie können jetzt Vogelnistkästen aufhängen, ein Hochbeet bauen, den Anbauplan für das Gemüsebeet aufstellen und Saatgut besorgen – denn im Februar werden auf der Fensterbank bereits wieder die ersten Tomaten vorgezogen.

(Vor)winterliche Bodenpflege

Eine Bodenanalyse beauftragen und die letzten Beete winterfest machen

Jetzt ist eine gute Zeit, um Nährstoffgehalt und pH-Wert des Bodens untersuchen zu lassen, um noch Kalk auszubringen oder Mist zu verteilen. Die Beete werden nach dem Abernten gelockert oder umgegraben und mit einer Mulchschicht bedeckt.

Eine Bodenanalyse lohnt sich

- War das Wachstum in der vergangenen Saison nicht zufriedenstellend und das nicht recht erklärbar, könnte die Ursache dafür im Boden liegen. Nährstoffe könnten sich zu einem Überschuss angereichert haben oder aber im Mangel vorliegen, der pH-Wert zu hoch oder zu niedrig sein. Liegt also die letzte Bodenanalyse schon mehr als drei Jahre zurück, lohnt es sich, nun erneut eine Untersuchung zu machen. **Nur so lassen sich entsprechende Veränderungen hinsichtlich des Bodenzustands erkennen**, und es kann gegebenenfalls gegengesteuert werden.
- Es gibt entsprechende Tests für die Eigenverwendung im Handel; den größtmöglichen Informationsgehalt bietet aber sicher eine Bodenanalyse durch ein Labor. Auch wenn dies etwas Geld kostet, sparen Sie am Ende vermutlich doch, da Sie mit der Kenntnis um Zusammensetzung und Güte Ihres Gartenbodens viel gezielter und insgesamt sparsamer düngen können – trotzdem sind die Pflanzen optimal versorgt und Boden und Grundwasser vor überschüssigem Nährstoffeintrag bewahrt.

Wie nimmt man die Probe?

- Die richtige Probenentnahme ist für die Aussagekraft einer Bodenuntersuchung von entscheidender Bedeutung; genaue Hinweise dazu bekommen Sie auch noch von dem ausgewählten Labor zugeschickt. **Wollen Sie sowohl den Boden im Gemüsebeet wie auch der Rasenfläche untersuchen lassen**, müssen getrennte Proben gezogen werden. Weist eine dieser Flächen Stellen mit stark unterschiedlichen Bodeneigenschaften oder abweichendem Wachstum auf, sollte dort keine Erde entnommen werden, da das Ergebnis hiervon verfälscht werden könnte. Wenn allerdings gerade diese Stellen interessieren, entnehmen Sie davon eine separate Probe.
- **Von Beetflächen nimmt man die Proben bis zu einer Tiefe von 20 cm**, bei Grünflächen (Rasen, Wiese) bis zu einer Tiefe von 15 cm. Um eine aussagekräftige Durchschnittsprobe von einer Fläche zu erhalten, nehmen Sie an zehn möglichst gleichmäßig über das Grundstück verteilten Stellen Einzelproben; auf größeren Grünlandflächen 20 bis 25 Einstiche pro Hektar.
- Heben Sie mit einem Spaten (mit möglichst schmalem Blatt) ein Loch bis zur erforderlichen Entnahmetiefe aus und **schaben von der Grubenwand eine Bodenscheibe von 2–3 cm Stärke ab**. Sammeln Sie die Einzelproben in einem Eimer und mischen die Erde sorgfältig. Aus dieser sogenannten Mischprobe wird nun die Untersuchungsprobe entnommen, welche ungefähr 200 g wiegen sollte. Füllen Sie dieses Material in eine – entsprechend den Anweisungen des Labors – beschriftete Tüte, und schicken Sie sie per Post ein.

MANUFACTUM-TIPP

Während man den Sommer über die ausgezupften Unkrautpflanzen meist einfach auf dem Beet liegen lassen kann (da sie schnell vertrocknen), sollten bei der letzten Bodenbearbeitung vor dem Winter alle noch vorhandenen Unkräuter von der Fläche entfernt werden. Dies erspart im Frühjahr einige Arbeit, da viele Wildkräuter den Winter über weiterwachsen.

Vor dem Winter noch kalken oder Humus ausbringen

- Ergibt die Untersuchung im Herbst einen zu niedrigen pH-Wert, ist eine Kalkung noch im Spätherbst oder Frühwinter notwendig, damit die Winterniederschläge den Kalk lösen und im Boden verteilen können. **Ist der Humusgehalt zu gering, sollte jetzt Mist oder Kompost ausgebracht werden**. Das Material kann den Winter über ablagern und stellt den Pflanzen im Frühjahr – bei wieder beginnender Bodenaktivität – die enthaltenen Nährstoffe zur Verfügung. Darüber hinaus können Nährstoffe wie Phosphor oder Kalium im Frühjahr noch gezielt ausgebracht werden.
- Eine aussagekräftige Analyse umfasst die Ermittlung der folgenden Werte: Humusgehalt, pH-Wert, Kalzium-, Phosphor-, Kalium-, Magnesium-, Kupfer-, Eisen-, Mangan- und Zinkgehalt sowie die biologische Aktivität des Bodens. Die daraus resultierende Düngeempfehlung sollte idealerweise vor allem organische Dünger (Mist,

Zur Verbesserung humusarmer Böden sollte jetzt Kompost ausgebracht werden.

Kompost, Hornspäne oder Knochenmehl) berücksichtigen oder auch zur Ausbringung von Brennnesseljauche oder Aussaat einer passenden Gründüngungsmischung raten – dies kann ein wichtiges Kriterium bei der Auswahl des Untersuchungslabors sein.

Wintervorbereitungen für den Boden

Ein Umgraben ist nur bei sehr schweren Böden sinnvoll – idealerweise vor dem Beginn der Frostperiode.

- Wenn die Gemüsebeete leer geräumt sind, reicht es in der Regel, den Boden mit Gabel oder Sauzahn zu lockern und anschließend einzuebnen. **Ein Umgraben ist in den meisten Fällen nicht notwendig**. Entweder wird dann noch gekalkt oder Humus ausgebracht oder der Boden gleich mit einer schützenden Mulchschicht aus Laub, Ernterückständen, Grasschnitt oder sonstigen, nicht holzigen Schnittabfällen abgedeckt.
- Als Alternative können Sie auch – quasi als „lebende Mulchdecke" – Winterroggen aussäen. Diese Art keimt sehr rasch und bildet eine wintergrüne Pflanzendecke, die im Frühjahr oberflächlich in den Boden eingearbeitet wird. **Die Aussaat von Winterroggen ist noch bis zum ersten Frost möglich**. Wichtig ist in jedem Fall, dass der Boden nicht „nackt" den Winterniederschlägen ausgesetzt ist, seine Struktur leiden oder er weggeschwemmt würde.
- Graben Sie nur wirklich schwere tonhaltige Böden um, um die Erde zu durchlüften und eine Verschlämmung zu verhindern. Wenden Sie die Erde spatentief, zerkleinern die dabei entstehenden groben Schollen aber nicht. Dies „erledigt" in den kommenden Monaten die Natur selbst: Durch Frosthebung und -sprengung zerfallen die großen Tonaggregate in kleinere Einheiten, und **der Boden nimmt eine stabile Krümelstruktur an (die sogenannte Frostgare)**. Aus diesem Grund sollten Sie unbedingt vor Beginn der Frostperiode umgraben.
- Egal ob nur gelockert oder umgegraben wird, verteilen Sie weiche Erntereste als Mulchdecke auf der Fläche, oder arbeiten Sie diese gleich mit in den Boden ein; Strünke und kranke Pflanzenteile sollten dagegen entfernt werden.

Wie war das noch mal?!

1. Sind seit der letzten Bodenanalyse drei Jahre vergangen, lohnt sich jetzt eine Wiederholung.
2. Dazu am besten ein Labor beauftragen, um gute Ergebnisse und Düngeempfehlungen zu bekommen.
3. An mehreren Stellen im Garten Bodenproben entnehmen, mischen und ins Labor schicken.
4. Je nach Ergebnis vor dem Beginn der Winterniederschläge Kalk oder Humus ausbringen.
5. In den leeren Beeten den Boden lockern oder, ist er schwer und tonig, vor Frostbeginn umgraben.
6. Den Boden mit einer Mulchschicht bedecken oder eine Gründüngung auf der Fläche aussäen.

Ohne Laub sieht man besser

Obstbäume im Winter schneiden

Der Vorteil des Winterschnitts ist, dass der Kronenaufbau im unbelaubten Zustand viel besser beurteilt werden kann als im Sommer. Bei frostfreier Witterung können Sie nun ältere Bäume auslichten sowie die jüngeren Bäume zum richtigen Wuchs „erziehen“.

Gut zu wissen – vor dem Griff zur Säge

- Generell gilt, dass Obstbäume umso stärker austreiben, je stärker sie geschnitten werden. Dieser Austrieb geht dann aber auf Kosten der Blüten- und Fruchtbildung, da der Baum vorrangig neue Triebe und Blätter bildet.
- Eine weitere Regel besagt, dass die Wuchsstärke vom Schnittzeitpunkt abhängt: **Je später der Schnitt erfolgt, umso stärker wird der Wuchs gehemmt.** Schneiden Sie schwach wachsende Bäume (Spindel- oder Buschbäume) daher am besten schon im Spätherbst, stark wachsende Bäume dagegen besser erst im Spätwinter.
- Äpfel, Birnen und andere Kernobstarten können das ganze Jahr über geschnitten werden. **Vorteilhaft ist der Schnitt im Winter, da das Astgerüst der Krone im unbelaubten Zustand besser zu begutachten ist.** Verschiedene Steinobstarten, insbesondere die Kirsche, vertragen den Winterschnitt dagegen nicht, hier empfiehlt sich ein Schneiden direkt nach der Ernte (Seite 109).
- Arbeiten Sie nur mit scharfem, sauberem Werkzeug und nicht bei Temperaturen unter −5 °C, da das Holz dann relativ brüchig ist und schlecht verheilt. Schneiden Sie die Äste bündig am Ansatz ab und lassen keine Stümpfe stehen, damit an solchen Stellen kein unerwünschter Neuaustrieb erfolgt.

MANUFACTUM-TIPP

Wurden Obstbäume längere Zeit nicht gepflegt und dann stark zurückgeschnitten, provoziert dies die Bildung von Wasserschossen: senkrecht stehende, unverzweigte Langtriebe, die wenig bis keine Früchte ansetzen, aber Wasser und Nährstoffe verbrauchen. Sie sollten (möglichst im Juni) komplett entfernt werden. Ein Abreißen ist dabei die beste Methode, damit kein neuer Austrieb erfolgen kann.

Diese Äste müssen raus

- Entfernen Sie **abgestorbene oder beschädigte Äste** aus der Krone, ebenso solche, **die aneinander scheuern oder sich kreuzen** und sich somit gegenseitig verletzen könnten.
- **Äste, die parallel zueinander wachsen**, konkurrieren miteinander und nehmen sich gegenseitig Licht und Raum. Entfernen Sie einen der beiden Triebe frühzeitig. Gleiches gilt für **Äste, die nach innen oder zu dicht wachsen**. Sie behindern andere Zweige und bilden wenige bis gar keine Blüten bzw. Früchte aus.
- Sobald sich ein Ast gabelt, entfernen Sie einen der beiden entstehenden Zweige frühzeitig. **Es sollen sich keine Astgabeln bilden**, denn hier kann sich Regenwasser sammeln und Fäulnispilzen einen optimalen Untergrund bieten. **Äste, die Rindenkrankheiten aufweisen**, müssen zur vollständigen Bekämpfung bis 30 cm ins gesunde Holz zurückgeschnitten werden. Entfernen Sie auch sogenannte Fruchtmumien (vertrocknete Früchte des Vorjahrs), Blätter mit Raupennestern und mit Mehltau befallene Triebspitzen.
- Generell gilt, dass ein Baum umso mehr Wunden hat, je mehr Schnittstellen entstehen. Es ist daher **besser, die Äste direkt am Ansatz (also komplett) zu entfernen**, als immer wieder stückweise zu kappen. Ist die Schnittstelle am Rand ausgefasert oder ausgerissen, schneiden Sie den sogenannten Wundrand mit einem scharfen Messer sauber und glatt nach – dies fördert eine zügige Wundheilung.

Äste immer komplett (am Ansatz) entfernen und keine Stummel stehenlassen.

Das Ziel ist eine lichte, luftige Krone

- Obstbäume werden geschnitten, um eine **Balance zwischen Fruchtbildung und Triebwachstum** zu schaffen und die Vitalität und Fruchtbarkeit der Gehölze zu erhalten. Eine gut gepflegte, offene, lichte Krone trocknet zudem nach Regengüssen besser ab, was die Gefahr von Pilzinfektionen vermindert. Auch fördert ein guter Lichteinfall die Ausfärbung, den Geschmack und den Vitamingehalt der Früchte.
- Der Weg dorthin beginnt mit dem **Pflanzschnitt**. Dieser erfolgt unmittelbar vor oder nach der Pflanzung und beinhaltet vor allem das Entfernen der steil aufgerichteten Seitenäste, die mit dem Mitteltrieb um die Stellung als Haupttrieb konkurrieren. Kürzen Sie zudem den Mitteltrieb und die verbleibenden Seitentriebe etwas ein, damit sie sich besser verzweigen. Alle zu steil stehenden Seitenäste – die zukünftigen Leitäste – **sollten dann noch waagerecht heruntergebunden werden**. Ein zu starker Austrieb wird so gehemmt und die Bildung von kurzen Seitenästen mit Blütenknos-

pen gefördert, aus denen sich später die Früchte bilden. Verwenden Sie weiches dehnbares Bindematerial wie Kokosstrick oder spezielles Schlauchband aus dem Fachhandel, damit die Äste nicht eingeschnürt werden.

Erst aufbauen, dann erhalten

- Am Ende des ersten Standjahrs ist ein erneuter Rückschnitt, der sogenannte **Aufbauschnitt**, erforderlich. Er sorgt für eine gute Verzweigung und die Ausbildung einer spindelförmigen Krone. Kürzen Sie zu diesem Zweck die steil nach oben wachsenden Seitenzweige und lange unverzweigte Triebe ein, um damit die Bildung von fruchttragenden Zweigen zu fördern. **Entfernen Sie zusätzlich alle Äste, die zu stark nach unten wachsen**, an anderen Ästen reiben oder ins Kroneninnere wachsen.
- Wird nur schwach oder gar nicht geschnitten, trägt der Baum zunächst mehr Früchte. Da aber die Fruchtbildung auf Kosten des Triebwachstums geht, wird ein in der Aufbauphase nicht regelmäßig geschnittener Baum **immer weniger junge Zweige bilden und in der Folge vorzeitig vergreisen.**
- Ist der Aufbau der Baumkrone abgeschlossen (bei Buschbäumen nach etwa fünf, bei Halb- und Hochstämmen nach sechs bis sieben Jahren), beginnt die Phase des **Erhaltungsschnitts**. Ab jetzt geht es vorwiegend darum, die Fruchtbarkeit des Baums zu erhalten und dafür zu sorgen, dass alle Früchte genügend Licht bekommen und gut ausreifen können. Entfernen Sie dazu weiterhin die steil nach oben und ins Kroneninnere wachsenden Triebe, und lichten Sie zu dichte Kronenpartien aus.
- Da das älteste Fruchtholz nun kaum noch gute Früchte hervorbringt, sollten diese Äste auf einen jüngeren vitalen Seitenzweig zurückgesetzt werden. **Altes Fruchtholz erkennt man an den starken Verästelungen**, außerdem hängt es wegen der jährlichen Fruchtlast oft stark nach unten über.

Diese Baumkrone hat nur einen unzureichenden Aufbauschnitt erfahren; auch sind die Wasserschosse nicht entfernt worden.

Wie war das noch mal?!

1. Der Winterschnitt hat den Vorteil, dass die Kronenform im unbelaubten Zustand besser zu erkennen ist.
2. Nicht bei Temperaturen unter −5 °C schneiden und keine Stümpfe stehen lassen.
3. Äste, die abgestorben, beschädigt oder krank sind, die sich kreuzen oder aneinander scheuern, entfernen.
4. Durch den Schnitt eine lichte luftige Krone mit ausreichend Fruchtholz „erziehen“.
5. Wichtig ist, die Vitalität und Fruchtbarkeit des Baumes zu erhalten.

Winters wie sommers

Immer seltener stehen unseren **heimischen Gartenvögeln** ausreichend natürliche Nahrungsquellen zur Verfügung. Für viele dörfliche Regionen mit intensiver landwirtschaftlicher Flächennutzung gilt das nicht weniger als für die großen städtischen Ballungsräume mit ihren aufgeräumten Hausgärten. Die Folge: Sogar frühere Allerweltsarten wie der Spatz gelten heute in ihrem Fortbestand als bedroht. Der Rückgang seiner Populationen in Deutschland – um bis zu 50 % in den vergangenen Jahren – ist das vielleicht eindrucksvollste Beispiel dafür. Vogelkundler in Großbritannien plädieren daher seit langem für **eine angepasste Ganzjahresfütterung**, von der auch die früh heimkehrenden Zugvögel in unseren Breiten profitieren und die ein wichtiger Beitrag zum Arterhalt sein kann – wenn dabei ein paar grundlegende Prinzipien beachtet werden.

Bei einer geschlossenen Schneedecke finden Vögel kaum Nahrung und sind auf eine Zufütterung angewiesen.

Futtervorlieben kennen

Sonnenblumenkerne eignen sich das ganze Jahr über als Basisfutter, das von vielen Arten gerne angenommen wird. Ergänzend sollten für **Körnerfresser wie Sperlinge und Finken** weitere Saaten im Futter enthalten sein: etwa Leinsamen, Hanf oder Mohn, keinesfalls aber Samen der Ambrosia, deren Pollen heftigste Allergien auslösen können. Diese Pflanze hat sich in den letzten Jahren invasiv in Mitteleuropa verbreitet – vor allem durch Verunreinigung von Vogelfutter.

Die sogenannten **Weichfutterfresser wie Rotkehlchen, Heckenbraunelle, Amsel, Wacholderdrossel oder Zaunkönig** nehmen auch Rosinen und andere getrocknete Beeren, Apfel, Haferflocken oder Kleie. In gutem Weichfutter sollten für die Versorgung mit Proteinen zusätzlich Insekten enthalten sein. Bitte beachten Sie, dass die meisten dieser Vögel ihr Futter am liebsten vom Boden aufpicken. **Allesfresser wie Meisen oder Kleiber** ernähren sich von beiden Futterangeboten; insbesondere Meisen mögen aber auch Gemische aus Fett, Samen und Nüssen, wie man sie in Form des altbekannten Vogelknödels überall bekommt. Verwenden Sie auf keinen Fall salzige, gewürzte oder gezuckerte Nahrung, Speisereste oder Brot als Vogelfutter.

Ebenso wichtig wie Futter ist eine ganzjährig nutzbare Wasserstelle zum Trinken und Baden.

Sauberkeit ist das A und O

Fegen Sie die Futterstelle regelmäßig aus und säubern sie bei stärkerer Verschmutzung mit heißem Wasser – ohne chemische Reinigungs- oder Desinfektionsmittel! Anders als in geschlossenen Futterspendern oder -silos, in denen oft größere Mengen Futter über einen längeren Zeitraum vorgehalten werden können, sollte im offenen Futterhäuschen – in das bei Regen oder Schneefall Feuchtigkeit gelangen kann – **täglich eine frische Portion** nachgelegt werden. Entfernen Sie konsequent verschmutztes oder nasses Futter, um die Gesundheit der Vögel nicht zu gefährden.

Rund um die Futterstelle

In einem vogelgerechten Garten sollte aber nicht nur gefüttert werden. Bieten Sie den Tieren auch ganzjährig eine **Wasserstelle zum Trinken und Baden** sowie Nist- und Überwinterungsmöglichkeiten. Das können Kästen sein, die Sie an einer geschützten Stelle im Baum oder an der Wand von Haus, Garage sowie Schuppen anbringen. Eine abwechslungsreiche Bepflanzung aus Hecken und einheimischen Sträuchern bietet darüber hinaus zusätzlichen **Unterschlupf und Schutz vor Räubern** sowie die Möglichkeit zum Nestbau. Wildobststräucher sind dabei gleichzeitig eine wertvolle Nahrungsquelle, ebenso wie die verblühten Samenstände der Sommerblumen und Stauden, die Sie den Winter über im Garten stehen lassen und erst im Frühling entfernen sollten.

Im nächsten Jahr hoch hinaus

Im Winter ein Hochbeet für die kommende Saison aufstellen

Durch die Aufräumarbeiten im Herbst sind große Mengen Gartenabfälle, Laub und Äste angefallen, die sich ideal dafür eignen, um ein neues Hochbeet zu befüllen – und auch der beginnende winterliche Gehölzschnitt liefert dafür geeignetes Material.

Vorteile der Hochbeetgärtnerei

- Bei einem Hochbeet handelt es sich um eine erhöhte Anbaufläche im Nutzgarten. Der Aufbau und die Befüllung machen etwas Arbeit, im Vergleich zu der Bewirtschaftung ebenerdiger Beetflächen stehen dem allerdings zahlreiche Vorteile gegenüber:
- **Höhere Ernteerträge** durch die besonders gute Substratqualität, die im Hochbeet, unabhängig vom regional vorkommenden Boden, erzielt werden kann. Bei richtiger Befüllung laufen im Inneren des Hochbeets zudem Kompostierungsprozesse ab, die zu einem Nährstofffluss sowie einer Erwärmung führen. Eine zusätzliche Düngung ist daher meist nicht oder nur in geringem Maße notwendig.
- Aufgrund der Kompostierungswärme im Beetinneren kann schon früh im Jahr mit der Bewirtschaftung (Aussaat) begonnen werden; **auch hält die Saison länger an** als in einem „normalen" ebenerdigen Beet.
- Die Arbeitshöhe ermöglicht eine aufrechte, rücken- sowie knieschonende Haltung oder auch das Arbeiten im Sitzen. Ein Befall der Pflanzen mit Schädlingen ist leichter kontrollierbar und die Gefährdung der Pflanzen durch Schnecken deutlich geringer. Wühlmäuse können gänzlich abgewehrt werden.

Gut zugänglich in Ost-West-Richtung

- Der Winter ist ein idealer Zeitpunkt, um ein Hochbeet aufzustellen. Aufgrund der Winterruhe in den Beeten ist Zeit für andere Tätigkeiten, und durch die Aufräumarbeiten im Herbst sowie dem winterlichen Gehölzschnitt **stehen größere Mengen Gartenabfälle, Laub und Äste zur Verfügung**. Diese Materialien werden nämlich zur Befüllung eines Hochbeets benötigt und können hier hervorragend „entsorgt" werden. Ein weiterer Vorteil besteht darin, dass sich der Inhalt des Hochbeets den Winter über setzen kann und gleich zu Saisonbeginn im kommenden Frühjahr für die ersten Aussaaten bereit ist.
- Bauen Sie große Hochbeete direkt am zugedachten Platz im Garten zusammen und wählen Sie dafür einen Standort, der einen Zugang von allen Seiten ermöglicht. Viereckige Hochbeete **können beliebig lang**, **sollten aber nicht breiter als 1,20 m sein**, um die rückenschonende Bearbeitung zu gewährleisten. Wählen Sie einen sonnigen oder nur stundenweise beschatteten Platz aus, da dies für die allermeisten Gemüse und Kräuter der geeignete Standort ist. Optimal ist die Ausrichtung der Längsachse in Ost-West-Richtung, um eine gleichmäßige Besonnung der gesamten Beetfläche zu ermöglichen.

MANUFACTUM-TIPP

Die Bodenqualität im Hochbeet kann noch zusätzlich verbessert werden, indem Kompost- und Regenwürmer eingesetzt werden. Diese sorgen dafür, dass die Erde im Hochbeet locker bleibt und die optimale Krümelstruktur annimmt.

Schicht für Schicht

- Soll das Hochbeet auf einer Grasfläche aufgestellt werden, **heben Sie zunächst im Inneren die Grasnarbe ab** und legen die Soden beiseite. Kommen im Garten Wühlmäuse vor, empfiehlt es sich, diese innere Standfläche des Hochbeets mit einem Drahtgeflecht auszukleiden, um ein Eindringen der Tiere zu verhindern.
- Füllen Sie **zuunterst eine dicke Schicht aus groben Materialien** (kleine Äste, Zweige, grobes Häckselgut) ein. Sie sorgt für eine gute Durchlüftung des Hochbeetes und dient gleichzeitig als Drainageschicht zur Vermeidung von Staunässe. Schneiden Sie die Äste möglichst klein und verdichten das Material regelmäßig, damit möglichst wenige Hohlräume bleiben. Je lockerer nämlich diese untere Schicht liegt, desto stärker sackt später die Erde im Hochbeet ab, da deren hohes Gewicht die Äste und Zweige in der unteren Schicht herunterdrückt. Aus diesem Grund kann die untere Schicht zunächst ruhig mehr als die halbe Höhe des Hochbeetkastens ausfüllen; sie wird in jedem Fall durch das Gewicht der oberen Lagen deutlich zusammensacken.
- Legen Sie als **nächste Schicht die abgestochenen Rasensoden** (mit der Wurzelseite nach oben) flächig aus oder füllen eine **dünne**

Die unterste Schicht aus grobem Material kann beim Einfüllen ruhig sehr hoch sein; sie sackt später stark zusammen.

Schicht aus Grasschnitt, Heckenschnitt oder Stroh ein. Darüber kommt eine **etwa 30 cm starke Schicht aus feuchtem Laub**, aber achten Sie darauf, kein krankes oder sehr schwer zersetzbares Laub (etwa von Eichen oder Platanen) zu verwenden.
- Füllen Sie dann eine **etwa 15 cm hohe Schicht aus halbreifem Kompost oder verrottetem Stallmist** ein und geben zum Abschluss **etwa 10 cm gute, torffreie Gartenerde und/oder Feinkompost** darüber. Diese Schicht sollte den Winter über mit einer Mulchfolie oder anderen Mulchmaterialien abgedeckt werden, damit die freiliegende Erde nicht durch starke Winterniederschläge verschlämmt. Um die biologische Aktivität im Hochbeet noch stärker zu fördern, kann zwischen die einzelnen Schichten jeweils etwas Gesteinsmehl oder ein Kompostbeschleuniger gestreut werden.

Die Zwischenschicht aus Gras, Stroh und Laub bewirkt, dass im Hochbeet Kompostierungsprozesse anlaufen.

Aus Holz oder Blech, eckig oder rund

- Hochbeete haben meist eine kasten- oder trogartige Form und können aus verschiedenen Materialien hergestellt sein: aus Holz, Stahlblech, Stein (Gabionen), Kunststoff oder mit Folie ausgekleideten Flechtelementen aus Weiden- oder Haselruten. Es gibt auch runde Formen aus gebogenem Wellblech oder mehreckige aus Kunststoffelementen. **In der Regel sind Hochbeete immobil, deshalb sollte der Standort wohlüberlegt sein**. Ausnahmen sind kleine Modelle für den Balkon, die getragen, geschoben oder gerollt oder solche, die auf Paletten stehen und gegebenenfalls mit einem Hubwagen versetzt werden können.
- Nach dem Befüllen eines Hochbeets beginnen im Inneren sogleich Kompostierungsprozesse, wodurch sich der Inhalt des Hochbeets langsam zersetzt. **Das Volumen verringert sich, und die Erde sackt ab**. Dieser Verlust muss in jedem Frühjahr durch ein Auffüllen mit Kompost, Garten- oder Wurmerde ausgeglichen werden. Nach etwa fünf bis sechs Jahren sind sämtliche kompostierbaren Anteile im Hochbeet verrottet und es sollte neu aufgesetzt werden.

Wie war das noch mal?!

1. Große, nicht verstellbare Hochbeete von allen Seiten zugänglich und nicht breiter als 1,20 m anlegen.
2. Bei Hochbeeten ohne Boden zuunterst ein Drahtgeflecht gegen Wühlmäuse auslegen.
3. Als Drainage und für eine gute Durchlüftung als erstes eine dicke Schicht aus Gehölzschnitt einfüllen.
4. Dann eine dünne Schicht aus Grasschnitt, Heckenschnitt, Stroh oder Laub darübergeben.
5. Halbreifer Kompost oder verrotteter Mist bilden die vorletzte, gute Gartenerde die oberste Schicht.
6. Sackt die Befüllung noch ab, vor der Bepflanzung bzw. Aussaat Erde nachfüllen.

Gut geplant ist halb gesät

Frühzeitige Überlegungen zur Beetbelegung sind von Vorteil

Im Winter ist Zeit, auf das vergangene Gartenjahr zurückzuschauen und die neue Saison zu planen: Welche Mischkulturen haben sich bewährt, welche Pflanzen wuchsen schlecht, welche Krankheiten sind aufgetreten? Wie viel Saatgut ist noch vorhanden und was muss zugekauft werden?

Genaue Notizen erleichtern die Planung

- Notieren Sie für die Anbauplanung des nächsten Jahres die Beetbelegung der vergangenen Saison. **Dies erleichtert die Einhaltung der notwendigen Fruchtfolgen**. Berücksichtigen Sie dabei unbedingt auch bewährte Mischkulturen und verwerfen für die nächste Saison solche Pflanzenkombinationen, die sich als ungeeignet erwiesen haben.
- Falls noch nicht vorhanden, beschaffen Sie sich für die nächste Saison einen Notizkalender (oder wünschen ihn sich zu Weihnachten), für **alle wichtigen Termine zu Aussaat, Pflanzung, Dünge- und Pflanzenschutzmaßnahmen sowie Reife- oder Erntezeit**. Zusätzlich können darin Informationen zu Bepflanzungsplänen, Witterung, Wüchsigkeit der einzelnen Kulturen oder dem Auftreten von Krankheiten und Schädlingen festgehalten werden. Notieren Sie sich auch die besonders ertragreichen, gesunden und schmackhaften Gemüsesorten, um hiervon rechtzeitig Saatgut nachkaufen zu können.
- Nutzen Sie die Winterzeit zur Lektüre von Fachliteratur, um beispielsweise **in der nächsten Saison neue Kulturen ausprobieren** zu können, eine Trockenmauer anzulegen, einen Weidenzaun zu flechten oder ein Beet umzugestalten.

Wie hoch ist die Keimfähigkeit?

MANUFACTUM-TIPP

Wenn Sie Freude an der Ernte und Vermehrung von (Gemüse-)Saatgut haben und gleichzeitig zum Erhalt der Sortenvielfalt beitragen möchten, können Sie sich bei den entsprechenden Verbänden als Sortenerhalter bewerben. Entsprechende Kontaktadressen finden Sie auf Seite 219.

- Jetzt im Winterhalbjahr ist eine gute Zeit, um den vorhandenen Saatgutbestand zu sichten und **mit der Anbauplanung für die kommende Saison abzugleichen**. Ist die Sortenauswahl getroffen und der Bedarf festgelegt, kann sofort eine Saatgutbestellung aufgegeben und dann im Februar mit den ersten Aussaaten auf der Fensterbank begonnen werden.
- In der Regel ist auch noch Saatgut aus der vergangenen Saison vorhanden: angebrochene Tütchen, da die Portion zu groß war oder ungeöffnete Tütchen, die einfach zu viel gekauft wurden. Oft liegen diese Sämereien noch in Gartenlaube oder Geräteschuppen; sie sollten aber spätestens jetzt ins Haus geholt und trocken bzw. dunkel gelagert werden. In den meisten Fällen kann dieses Saatgut problemlos auch noch im nächsten Jahr verwendet werden. Wenn Sie aber sichergehen wollen, **überprüfen Sie die vorhandenen Sämereien** (insbesondere Saatgut in geöffneten Tütchen oder solches, das feucht geworden sein könnte) **auf die Keimfähigkeit**.
- Dazu werden einige Samen in einer flachen Schale auf angefeuchtetes Filterpapier gelegt und mit einer Glasplatte oder Frischhaltefolie abgedeckt. Keimt mehr als die Hälfte, kann das Saatgut problemlos verwendet werden (sicherheitshalber sollten Sie dann etwas dichter säen). Ist die Keimquote geringer, kaufen Sie besser frisches Saatgut. Als Faustregel gilt, dass die meisten **Kräuter zwei bis drei Jahre gut keimfähig** bleiben, die meisten **Gemüse drei bis vier Jahre** sowie **Sommerblumen im Schnitt drei Jahre**. Beachten Sie dazu auch die Angaben auf den Tütchen, dort sollte eine Angabe zum Erntejahr und zur Haltbarkeit aufgedruckt sein.

Vor dem Kauf neuen Saatguts sollten die vorhandenen Bestände durchgesehen werden.

Augen auf beim Saatgutkauf

- Achten Sie beim Kauf von Saatgut darauf, möglichst gesunde (krankheitsresistente oder -tolerante) Sorten zu wählen. Bei Tomaten ist etwa die Widerstandsfähigkeit gegen Braunfäule ein Kriterium, bei Gurken die gegen Mehltau. Auch aus diesem Grund **sind oft regionale oder lokale, sogenannte Haus- und Landsorten zu bevorzugen**, die besonders gut an die jeweiligen Klima- und Bodenverhältnisse angepasst sind. Bestellen Sie nicht zu viel Saatgut, sondern bemessen Sie die Menge so, dass es in diesem oder spätestens im nächsten Jahr aufgebraucht wird.
- Wenn Sie eigenes Saatgut für die nächste Saison (oder zum Weitergeben über den Gartenzaun) ernten wollen, müssen Sie darauf achten, **nur sogenannte samenfeste Sorten zu wählen und keinesfalls F1-Hybriden**. Letztere zeigen nur im ersten Jahr einheit-

lich (also bei allen Pflanzen) die gewünschten Sortenmerkmale, sind gesund und ertragreich. In der Folgegeneration dagegen „spaltet“ dieses Saatgut auf: Die Tochterpflanzen unterscheiden sich untereinander und im Vergleich zur Mutterpflanze stark und sind in der Regel schwächer, anfälliger und ertragsärmer als die Generation vorher.

Dunkel und trocken lagern

- Selbstgeerntetes wie auch gekauftes angebrochenes Saatgut muss zur Einlagerung absolut trocken sein; je trockener die Samen, desto länger behalten sie ihre Keimkraft. Die Samen dürfen sich beim Einlagern keinesfalls klamm anfühlen, da es sonst – auch wenn es im Lager selbst trocken ist – zur Schimmelbildung kommt.
- **Bewahren Sie die Samen in luftdicht schließenden Gefäßen auf**, denn je geringer der „Luftkontakt“ ist, desto langsamer altern sie. Gut geeignet sind Marmeladengläser mit Schraubverschluss, Einkochgläser mit Gummidichtung und Bügelverschluss oder Glasflaschen mit luftdichtem Verschluss („Apothekerflaschen“). Optimal sind Lagertemperaturen zwischen 0 und 10 °C; kurzfristige starke Temperaturschwankungen sollten dabei vermieden werden. Eine dunkle Lagerung ist von Vorteil: entweder in einem dunklen Raum oder in lichtundurchlässigen Gefäßen.
- Noch wichtiger ist, dass die Samen trocken gelagert werden. **Kommen Wärme und Feuchtigkeit zusammen, wird die Keimruhe der Samen gebrochen** und die Keimfähigkeit sinkt rapide. Zudem sind diese Bedingungen ideal für Pilze und Bakterien, die das Saatgut zusätzlich schädigen. Auch die größeren Saatgutschädlinge gilt es zu beachten; bewahren Sie das Saatgut daher sicher vor Mäusen und Insekten (wie Mehlmotte oder Bohnenkäfer) auf.

Selbstgesammeltes Saatgut lässt sich gut in luftdicht schließenden Einkochgläsern aufbewahren.

Wie war das noch mal?!

1. Für die Anbauplanung der nächsten Saison die Beetbelegung und Ergebnisse der aktuellen Saison notieren.
2. Den aktuellen Saatgutbestand prüfen und mit der Planung für das nächste Jahr abgleichen.
3. Im Zweifelsfall (bei älterem Saatgut) die Keimfähigkeit prüfen.
4. Nicht zu viel Saatgut kaufen und wenn möglich, auf regionale und gesunde Sorten zurückgreifen.
5. Angebrochene Samentüten luftdicht, trocken und dunkel lagern.

Vogelschutz mit Eigennutz

Für die kommende Brut Nistkästen aufhängen und reinigen

Schon im Winter machen sich viele heimische Singvögel sowohl auf die Suche nach einem geeigneten Partner als auch einem solchen Nistplatz. Bringen Sie daher früh genug neue Nistgelegenheiten im Garten an und reinigen die schon vorhandenen Kästen.

Im Laufe ihres Lebens vertilgen Vögel unzählige Insekten oder Raupen, die sonst im Garten Schaden anrichten.

Win-win-Situation im Garten

- Durch ein attraktives und artgerechtes Angebot von Nist- und Futterplätzen im Garten können Sie die Ansiedlung und **den Fortbestand unserer heimischen Singvögel fördern und unterstützen.** Auch eine ganzjährig nutzbare Stelle zum Baden und Trinken sowie die Schaffung vielfältiger Lebensräume (Sträucher, Hecken, Totholz- und Komposthaufen) helfen den Vögeln, in unseren zunehmend „aufgeräumten" Landschaften und Grünflächen zu überleben.
- Aber nicht nur den Vögeln nutzen solche Gaben, auch der Gärtner profitiert davon. Abgesehen davon, dass man sie beobachten kann und ihr Gesang vielen Menschen Freude bereitet, **sind Vögel ganz handfeste Helfer bei der Bekämpfung von Schädlingen**. Vor allem während der Aufzucht ihrer Jungen fangen Meisen, Spatzen, Rotkehlchen oder Finken große Mengen Blattläuse und andere Insekten, Raupen, Maden und sonstige Larven und tragen damit zur Wahrung des ökologischen Gleichgewichts bei. Allein ein einziges Meisenpaar kann mit seinen Nachkommen pro Jahr etwa 70 000 Raupen und 20 Millionen Insekten vertilgen.

Dunkle Höhle oder helle Halbhöhle?

- Unsere heimischen Gartenvögel haben zum Teil sehr unterschiedliche Nistgewohnheiten. Berücksichtigen Sie dies bei der Auswahl der Nistgelegenheiten und hängen am besten verschiedenartige Modelle auf.
- **Höhlenbrüter** wie Meisen, Sperling oder Kleiber benötigen einen geschlossenen Kasten mit kleinem Einflugloch – optimalerweise in 2–3 m Höhe an einer Stelle aufgehängt, wo der Baum nicht zu dicht verzweigt ist und die Vögel eine freie Flugbahn haben. Die Größe des Einfluglochs bestimmt darüber, welche Art voraussichtlich einziehen wird: So bevorzugen Blaumeisen einen Durchmesser von 28 mm, Kohlmeisen und Kleiber dagegen 33 mm. Damit Spechte die Einflugöffnung nicht vergrößern und den Kasten dann für eigene Zwecke nutzen, empfehlen sich Modelle mit sogenanntem Spechtschutz: eine kleine Metallplatte rund um das Flugloch.
- **Halbhöhlen- oder Nischenbrüter** wie Rotschwanz, Bachstelze, Rotkehlchen oder Grauschnäpper bevorzugen einen Nistplatz, der zwar (im Gegensatz zu den Freibrütern) umschlossen, aber gleichzeitig hell ist. Dies kann nur durch eine relativ große Öffnung gewährleistet werden, welche aber den Nachteil birgt, dass Nesträuber wie Katze, Elster oder Eichelhäher an das Gelege gelangen können. **Am vorteilhaftesten sind daher lang gestreckte tiefe Kästen**, bei denen der hintere Teil, in dem das Nest gebaut wird, durch eine halbhohe Zwischenwand vom offenen vorderen Teil abgetrennt ist. Halbhöhlen können sowohl in Bäumen als auch längs an einer Hauswand, Garage oder einem Schuppen aufgehängt werden.
- Einer unserer kleinsten Vögel, der Zaunkönig, baut in der Natur kugelige, fast runde Nester in Bodennähe. Er bevorzugt als Nisthilfe daher spezielle „Zaunkönigkugeln", die in dichten Sträuchern oder Kletterpflanzen in nur maximal einem Meter Höhe aufgehängt werden.

MANUFACTUM-TIPP

Sorgen Sie das ganze Jahr über für eine Trink- und Bademöglichkeit für Vögel. Gerade während Frostperioden ist es für die Tiere fast unmöglich, offene Wasserflächen zu finden. Für eine ganzjährige Nutzung wählen Sie also am besten gleich eine Vogeltränke bzw. ein Vogelbad aus frostfestem Material.

Eine Metallplatte rund um das Einflugloch verhindert, dass Spechte den Nistkasten in Beschlag nehmen.

Katzensicher nach Südosten ausrichten

- Hängen Sie den Nistkasten entgegen der Hauptwindrichtung auf. Optimal ist die Ausrichtung nach Südosten, damit der Einfall von Wind, Regen und Schnee in den Kasten weitestgehend verhindert wird.
- Achten Sie darauf, dass sich die **Nistkästen außerhalb der Reichweite von Katzen oder Mardern** befinden, bzw. ergreifen Sie im Zweifelsfall geeignete Schutzmaßnahmen. Gegen Katzen hilft zum Beispiel eine um den Baumstamm gelegte Drahtmanschette mit

abstehenden Spitzen, die die Tiere daran hindert, in die Baumkrone zu klettern.

- Damit der Baum keinen Schaden nimmt, nageln oder schrauben Sie die Kästen möglichst nicht direkt an, sondern befestigen ihn besser mithilfe eines Drahtbügels. Dieser kann zusätzlich durch ein Stück Gartenschlauch gezogen werden, damit er nicht in die Rinde schneidet.
- Für die Reinigung der Kästen ist es wichtig, den richtigen Zeitpunkt zu wählen. Einige Vögel beginnen schon früh mit dem Brutgeschäft, gleichzeitig besteht aber die Gefahr, andere Tiere (wie etwa den Siebenschläfer) aufzustören, die den Nistkasten als Winterschlafplatz nutzen. **Ein guter Zeitpunkt ist Anfang oder Mitte Februar oder im Spätsommer**, wenn auch die Jungvögel einer eventuellen zweiten Brut ausgeflogen sind. Verwenden Sie zum Reinigen keine chemischen Mittel oder Desinfektionsmittel. Es reicht, den Kasten auszufegen und mit heißem Wasser zu reinigen. Das Kasteninnere muss danach gut abtrocknen.

Die Anpflanzung von fruchttragenden Wildgehölzen hilft dabei, die Ernährung der Gartenvögel sicherzustellen.

Was für Vögel sonst noch gut ist

- Schaffen Sie im Garten durch eine naturgemäße Bewirtschaftung und Mut zur Unordnung natürliche Nistplätze für Vögel. **Förderlich ist auch die Anpflanzung von Hecken und Sträuchern** (vorzugsweise heimisch), in denen Vögel nicht nur nisten und Schutz suchen können, sondern deren Früchte auch zur Ernährung der Vögel beitragen. Gut geeignet sind Schlehe, Kornelkirsche, Vogelbeere, Felsenbirne, Weißdorn oder Apfelbeere.
- Schneiden Sie die Samenstände von Stauden und Gräsern im Herbst nicht ab. **Sie dienen vielen Vögeln im Winter als natürliche Nahrungsquelle**: direkt, in dem die Samen gefressen werden oder indirekt, da sich in die hohlen Stängel Insekten zurückziehen, um dort zu überwintern.
- Geben Sie vor allem in kleinen, eher „aufgeräumten" Gärten zusätzlich Vogelfutter: im Winter zum Überstehen von Frost- und Schneeperioden, in denen kaum noch natürliches Futter zu finden ist und im Sommer zur Unterstützung des Brutgeschäftes.

Wie war das noch mal?!

1. Die verschiedenen Nistgewohnheiten unserer Gartenvögel beim Aufhängen der Kästen berücksichtigen.
2. Entgegen der Hauptwindrichtung und vor Wind, Regen und Schnee geschützt aufhängen.
3. Darauf achten, dass Katzen und Marder keinen Zugang finden.
4. Mitte Februar oder im Spätsommer ist ein guter Zeitpunkt für die Reinigung der Kästen.
5. Den Garten nicht zu sehr aufräumen, um Vögeln einen passenden Lebensraum zu bieten.

FÜR KLEINE GÄRTNER

Sterne, Herzen, Knödel: Vogelfutter selbst gemacht

Natürlich kann man Vogelfutter überall kaufen. Viel mehr Spaß macht es aber, die Knödel aus Fett und Körnern selbst zu machen, und sie sehen dann auch – etwas Kreativität vorausgesetzt – viel schöner aus. In Sternenform etwa, mit einem hübschen Band in den Baum gehängt.

Material

- Ungesalzenes Rinderfett (auch Rindertalg, bekommt man beim Metzger) oder Kokosfett
- Körnerfuttermischung für Vögel, dazu können Haferflocken oder getrocknete Beeren von Eberesche und Holunder gemischt werden
- Ein originelles Gefäß, zum Beispiel ein selbst bemalter Tonblumentopf, eine alte Kaffeetasse oder eine halbe Kokosnuss; Förmchen oder Plätzchenausstecher
- Eine dicke Schnur oder ein Kokosseil zum Aufhängen

So wird's gemacht

Das Fett wird in einem großen Topf langsam zum Schmelzen gebracht. Achtung: Es darf nicht kochen! Wenn es geschmolzen ist, kann der Herd abgestellt und der Topf von der Platte genommen werden. Dazu gibt man die fertig gekaufte oder eine selbst hergestellte Körnermischung (etwa genauso viel oder etwas mehr wie die Menge des verwendeten Fetts) und rührt sie gleichmäßig unter. Die Masse muss nun etwas erkalten, damit man sie besser formen kann.

Jetzt kann das Futter in die verschiedenen Gefäße (Blumentopf, Kaffeetasse, eine halbe Kokosnussschale) gegeben werden, um dort dann ganz hart zu werden. Das Erkalten geht natürlich am schnellsten im Kühlschrank. In eine Kokosnussschale muss vor dem Befüllen ein kleines Loch gebohrt und eine Schnur zum Aufhängen hindurch gefädelt werden.

Werden Förmchen oder Ausstecher verwendet, sollten diese vor dem Befüllen mit Frischhaltefolie oder Backpapier ausgeschlagen werden, damit sich das Futter nach dem Erkalten gut löst. Nicht vergessen, in die noch weiche Masse eine Schnur in Schlaufenform einzulegen!

FÜR KLEINE GÄRTNER

Man kann auch einfach mit den Händen einen Knödel formen, diesen in ein Netz geben (vielleicht in ein selbst geknüpftes?) und mit einem schönen Aufhängeband versehen. Wenn der Knödel vor dem Erkalten noch mit Körnern „paniert“ wird, freuen sich die Vögel besonders darüber.

Der beste Ort zum Aufhängen ist in einen Baum direkt vorm Fenster. So können die Meisen, Rotkehlchen, vielleicht auch der kleine Zaunkönig oder mal ein imposanter Specht ganz aus der Nähe beobachtet werden.

Und wer nun auf den Geschmack gekommen ist, macht gleich ein paar mehr Knödel, Futterherzen oder -töpfe, bewahrt sie kühl auf und verschenkt sie zu Weihnachten.

Vertrauen ist gut, Kontrolle ist besser

Obst, Gemüse und Blumenknollen im Winterlager überprüfen

Damit es im Frühjahr keine bösen Überraschungen gibt, weil Fäulnis oder Schädlinge im Winterlager unerkannt ihr Unwesen getrieben haben, kontrollieren Sie die eingeräumten Blumenknollen sowie das eingelagerte Obst und Gemüse besser regelmäßig.

Ab und an sollten die Dahlienknollen genauer inspiziert und zu diesem Zweck aus der Kiste herausgenommen werden.

Nicht zu nass und nicht zu trocken

- Die über den Winter eingelagerten Knollen von Dahlien, Gladiolen, Begonien oder Canna können unter nicht optimalen Bedingungen **Schaden durch Trockenheit oder Fäulnis nehmen**. Ideal ist eine frostfreie und trockene Lagerung bei Temperaturen zwischen 2 und 7 °C. Steht nur ein wärmerer Lagerraum zur Verfügung, schlagen Sie die Knollen besser in feuchten Sand ein – und halten ihn gleichmäßig feucht. Lüften Sie den Lagerraum regelmäßig, solange die Temperaturen über Null sind. Bei Frost müssen die Fenster geschlossen werden.
- **Überprüfen Sie die Knollen regelmäßig auf Schadstellen, Pilzbefall oder Fäulnis**. In diesem Zuge ist es sinnvoll, die lose in Kisten oder auf Drahtgittern liegenden Knollen ab und an zu wenden. Befallene und faule Knollen müssen aussortiert, angefaulte Teilstücke entfernt werden. Schneiden Sie die befallene Stelle mit einem scharfen Messer glatt ab.
- Kontrollieren Sie die Knollen ebenfalls auf Trockenheit; sie sollten nicht stark einschrumpeln. Gegebenenfalls muss das Material, in oder unter dem sie lagern (Erde, Sand, Zeitungspapier), von Zeit zu Zeit nachbefeuchtet werden.

MANUFACTUM-TIPP

Beachten Sie bei der Entnahme von Äpfeln aus dem Winterlager, dass es Sorten gibt, die einige Wochen oder sogar Monate benötigen, ehe sie ihr volles Aroma entfalten. Diese Äpfel müssen im Lager bleiben, bis sie die sogenannte Genussreife erlangt haben – ein Winterglockenapfel schmeckt zum Beispiel erst ab Dezember richtig gut.

Beschädigte Früchte entfernen, Schädlinge vertreiben

- Die im Keller, in der Garage oder in Mieten eingelagerten Früchte und Gemüse sollten regelmäßig auf Druck- und Faulstellen überprüft und gegebenenfalls aus dem Lager entfernt werden, **damit nicht einzelne befallene Exemplare den ganzen Vorrat verderben**. Auch müssen Schädlinge rechtzeitig entdeckt und entfernt bzw. vertrieben werden, um eine Ausbreitung im ganzen Lager zu verhindern.
- Kontrollieren Sie möglichst wöchentlich alle eingelagerten Früchte (Äpfel, Birnen, Quitten oder Nüsse) und Gemüse (Möhren, Kartoffeln, Rote Bete, Sellerie, Zwiebeln oder Steckrüben) auf einen Befall mit Krankheiten und Schädlingen bzw. **werfen Sie bei jeder Entnahme für den Verbrauch gleich einen prüfenden Blick** auf die umliegenden Exemplare.
- Verlassen Sie sich auch auf Ihre Nase. **Häufig machen sich faulige Stellen durch einen unangenehmen Geruch bemerkbar**, sind aber nicht gleich auffindbar. Suchen Sie dann solange nach der Geruchsquelle, bis Sie sie gefunden haben – und entfernen sie!
- Beseitigen Sie konsequent auch alle beschädigten, kranken oder faulen Früchte aus dem Vorratslager, damit sie nicht den unversehrten Lagerbestand anstecken. Risse und andere Verletzungen der Schale sind ideale Eintrittspforten für pilzliche Schaderreger wie etwa die Monilia-Fruchtfäule. **Bei geringen Symptomen kann man die befallenen Früchte noch verwenden**, diese müssen aber sofort verbraucht und die schadhaften Stellen großzügig abgeschnitten werden. Geben Sie die Abfälle nicht auf den Kompost, da die Krankheitserreger dort überleben und sich wieder ausbreiten können.

Hier wurde es versäumt, rechtzeitig die Früchte mit Faulstellen zu entfernen; die Fäulnis hat sich daher ausgebreitet.

Regelmäßig lüften, aber nicht bei Frost

- Lesen Sie auch alle Früchte mit Anzeichen von Stippe (Äpfel, Quitten) aus, um sie rasch zu verbrauchen. Die Krankheit ist in einer mangelhaften Kalziumversorgung der Früchte während des Wachstums begründet und daher nicht ansteckend, führt aber zur Beeinträchtigung von Geschmack und Konsistenz. **Anfällig sind insbesondere übergroße Früchte**. Die Symptome treten meist zuerst an der Kelchseite auf: oft nur als stecknadelgroße, eingesunkene braune Flecken auf der Schale und dem darunterliegenden Fruchtfleisch, das dort korkig ist und leicht bitter schmeckt. Die Symptome der Stippe treten meist erst einige Zeit nach der Ernte auf und verstärken sich bei der Lagerung. **Befallene Früchte können aber bedenkenlos verzehrt** oder zu Apfelmus oder Kuchen

verarbeitet werden, wenn die stippigen Fruchtteile großzügig herausgeschnitten werden.
- Weisen Früchte Fraßspuren durch Mäuse auf, ist eine geschützte Aufbewahrung nötig, oder Sie müssen Fallen aufstellen.
- Lüften Sie so oft wie möglich, aber nur an frostfreien Tagen. **Sollten die Lagerfrüchte versehentlich Frost abbekommen haben**, dürfen sie in dieser Phase keinesfalls angefasst werden. Bringen Sie sie möglichst sanft bzw. mithilfe der Unterlage in einen ungeheizten Raum, um sie dort langsam auftauen zu lassen.

Werden größere Mengen Äpfel eingelagert, eignen sich mehretagige Holzregale dafür ideal.

Ein paar Tipps zur Lagerung

- Lagern Sie **Äpfel immer getrennt von jeglichem anderen Obst und Gemüse**, da sie das sogenannte Reifegas Ethylen abgeben. Dies führt bei allen anderen Früchten zu einer Minderung der Lagerfähigkeit; neben Äpfeln gelagerte Möhren können sogar einen bitteren Geschmack annehmen.
- Lageräpfel sollten noch den Fruchtstiel haben, denn mit Stiel sind sie länger haltbar. Befinden sich auch Äpfel ohne Stiel im Lager, verbrauchen Sie diese als Erstes. Die Früchte sollten sich möglichst nicht berühren, sondern mit ein paar Millimeter Abstand „aufgestellt“ werden, damit sich Fäulnis schlechter ausbreiten kann. Ist dies zu Beginn aus Platzgründen nicht möglich, rücken Sie die Äpfel später, wenn schon welche entnommen wurden, entsprechend auseinander.
- Lagern Sie **Wal- und Haselnüsse am besten hängend in Säcken oder Netzen** (etwa Kartoffel- und Zwiebelnetze), um eine gleichmäßige Durchlüftung zu gewährleisten. Gleichzeitig ist diese Aufbewahrung in luftiger Höhe ein sehr guter Schutz vor Mäusefraß. Der Lagerort für Nüsse darf keine zu hohe Luftfeuchtigkeit aufweisen, da ansonsten ein Schimmelbefall möglich ist. Gut geeignet ist ein belüfteter Dachboden.

Wie war das noch mal?!

1. Die Blumenknollen regelmäßig auf Schadstellen, Pilzbefall, Fäulnis und Trockenheit kontrollieren.
2. Gemüse und Obst im Winterlager ebenfalls kontrollieren und betroffene Exemplare entfernen.
3. Den Lagerraum auf Vorratsschädlinge hin kontrollieren und gegebenenfalls vertreiben bzw. bekämpfen.
4. Regelmäßig lüften, aber nur an frostfreien Tagen.
5. Äpfel immer getrennt von allem anderen lagern, da sie das Reifegas Ethylen abgeben.

Gut über den Winter kommen

Die Pflanzen im Winterquartier pflegen

Die Pflanzen, die zur frostfreien Überwinterung eingeräumt wurden, bedürfen der regelmäßigen Begutachtung. Sind sie zu nass oder trocken oder von Schädlingen befallen? Auch den Winterschutz der Gartenpflanzen sollten Sie ab und an kontrollieren.

Solch stark verlauste Triebspitzen werden am besten ganz abgeschnitten.

Die Blattunterseiten sind wichtig

- Machen Sie möglichst einmal wöchentlich einen Kontrollgang ins Winterquartier. Bleiben nämlich eingeschleppte Schädlinge oder Krankheiten dort unbemerkt, können sie sich sehr rasch vermehren und weitere Pflanzen befallen. Überprüfen Sie alle Pflanzenteile, **insbesondere auch die Blattunterseiten, da sich die meisten Schädlinge dort aufhalten** (etwa Weiße Fliege, Blattläuse oder Thripse). Werden Sie fündig, ergreifen Sie sofort geeignete Gegenmaßnahmen.
- **Blattläuse** befallen vor allem junge weiche Pflanzenteile wie die Triebspitzen. Sind diese stark verlaust, sollten sie am besten komplett abgeschnitten und entsorgt werden – einzelne Läuse können dagegen auch von Hand entfernt werden. Brausen Sie stärker befallene Pflanze mit einem harten Wasserstrahl (z. B. in der Dusche) ab oder **besprühen sie mit einer Schmierseifenlösung** (in Wasser gelöste Neutralseife ohne Zusätze). Es empfiehlt sich, vorher den Wurzelballen mit Folie oder anderem Material abzudecken, um zu vermeiden, dass die Erde stark vernässt bzw. aus dem Topf gespült wird, oder dass die Tiere hineinfallen und dort überdauern.

Ein Tauchbad in Seifenlauge

- Kleinere Pflanzen können sehr einfach und gründlich von Schädlingen „gereinigt" werden, indem sie kopfüber in eine Schmierseifenlösung getaucht werden. Füllen Sie zu diesem Zweck einen Eimer passender Größe mit lauwarmem Wasser und lösen darin etwas Schmierseife auf. Legen Sie zwei Stäbe, die länger als der Eimerquerschnitt sind (gut geeignet sind Kochlöffel), quer über den Rand und hängen die Pflanze kopfüber dazwischen. **Der oberirdische Pflanzenteil sollte komplett ins Wasser eintauchen** (achten Sie darauf, dass keine Triebe abgeknickt werden), während der Topf umgekehrt auf den Stäben „steht" und trocken bleibt. Umwickeln Sie den Topf samt Ballen vorher mit einer stabilen Folie oder stecken ihn so in eine Tüte, dass keine Erde herausfallen kann. Die Pflanze wird nun für einige Stunden in der Lösung belassen und anschließend mit klarem Wasser abgespült.
- Gegen **Weiße Fliege** können sogenannte Gelbtafeln (gelbe Kunststofftafeln, die mit einem Leim bestrichen sind) aufgehängt oder in den Topf gesteckt werden; bei einem **Thripsbefall** helfen Blautafeln. Die Tafeln sind in verschiedenen Größen im Fachhandel erhältlich. Bei starkem Befall hilft ebenfalls ein Abbrausen oder Tauchen der Pflanzen.

Fuchsien und Geranien, die im Haus überwintern, müssen einen ausreichend hellen Platz bekommen.

In hartnäckigen Fällen helfen Nützlinge

- Verwenden Sie bei einer Bekämpfung mit Spritzmitteln möglichst nur biologische Mittel (wie etwa Niem-Präparate) und vergessen nicht, auch und vor allem die Blattunterseiten zu behandeln. Gegen sehr hartnäckige, schwierig zu bekämpfende Schädlinge wie etwa **Schildläuse** hilft der Einsatz von Nützlingen. Diese können im guten Fachhandel oder direkt bei verschiedenen Nützlingsbetrieben bestellt und nach Anleitung ausgebracht werden. **Entfernen Sie auch alle abgefallenen und welken Blätter**. Bleiben diese auf feuchter Erde liegen, ermöglichen sie die Verbreitung des Grauschimmelpilzes (*Botrytis*).
- Prüfen Sie vor jedem Gießen den Feuchtegrad der Topferde mit den Fingern. Der Wurzelballen darf nicht ganz austrocknen, aber auch nicht zu nass sein. Gießen Sie daher nur bei Bedarf und in kleinen Dosen. **Pflanzen, die ohne Laub und daher dunkel überwintern können, benötigen fast kein Wasser**. Bei ihnen muss besonders sorgfältig darauf geachtet werden, dass der Wurzelballen nicht durch zu viel Gießen vernässt und in der Folge zu faulen beginnt.

Sitzt alles noch richtig?

- Auch draußen im Garten lohnt sich ein regelmäßiger Kontrollgang zu den Pflanzen, die im Herbst mit einem Winterschutz versehen wurden – insbesondere nach stärkeren Schneefällen oder Stürmen. Überprüfen Sie dabei die Frostschutzmaterialien (Säcke oder Matten aus Jute, Kokosfasern, Stroh oder Vlies) auf richtigen Sitz, befestigen verrutschtes oder geöffnetes Material und ersetzen beschädigtes. **Ist eine längere Periode milder Witterung angekündigt, sollte der Winterschutz gegebenenfalls etwas gelockert** und Schnee von bepflanzten Töpfen und Kübeln geschoben werden, um Schäden durch zu viel Nässe zu verhindern.
- Weggewehtes oder von Tieren weggeschlepptes Laub oder Reisig, das zum Schutz empfindlicher Stauden aufgebracht wurde, muss wieder an Ort und Stelle gelegt oder ersetzt werden. Überprüfen Sie die Lattengerüste, die zum Überbauen von Pflanzen aufgestellt wurden, auf Standfestigkeit, bessern gegebenenfalls aus und entfernen schwergewichtige Schneelasten.
- **Die Stämme von (vor allem jungen) Obstbäumen sind im Winter durch Fraß von Mäusen, Hasen oder Rehen bedroht** und müssen entsprechend geschützt werden. Neben dem Anbringen von Baumschutzmatten kann der Stamm auch rundherum mit kleinmaschigem Drahtgeflecht dicht umhüllt werden, um die Tiere abzuwehren. Darüber hinaus dient ausgelegtes frisches Schnittholz (etwa vom Winterschnitt der Gehölze) „zur Ablenkung“. **Diese Maßnahmen sind besonders wichtig in Perioden mit geschlossener Schneedecke**, wenn die Wildtiere nur wenig Futter finden. Sind dennoch Schäden an den Bäumen zu beklagen, bestreichen Sie größere Fraßstellen am Stamm mit einem atmungsaktiven Wundverschlussmittel.
- Kontrollieren Sie auch das Bindematerial (Schnüre, Stricke oder Baumbinder), mit dem der Baum am Pfahl befestigt ist, und korrigieren Sie einen zu lockeren oder zu engen Sitz. Überprüfen Sie die Stützpfähle dabei gleich auf festen Stand und eventuelle Fäulnis.

Reisig von Nadelbäumen ist hervorragend dafür geeignet, Pflanzen im Beet als Winterschutz zu dienen.

Wie war das noch mal?!

1. Möglichst wöchentlich die Pflanzen im Winterlager auf Schädlingsbefall kontrollieren.
2. Stark mit Blattläusen befallene Pflanzenteile entfernen oder die Pflanze hart abbrausen.
3. Alternativ mit Schmierseifenlösung besprühen oder kleinere Pflanzen kopfüber hineintauchen.
4. Gegen Weiße Fliege Gelbtafeln, gegen Thripse Blautafeln aufhängen.
5. Ist der Schädlingsbefall nicht mit vertretbarem Aufwand einzudämmen, am besten Nützlinge einsetzen.
6. Im Garten den Winterschutz auf richtigen Sitz kontrollieren.

Aussaat im Haus = Vorsprung im Beet

Tomaten und Sommerblumen auf der Fensterbank vorziehen

Etwa ab Ende Februar können die frostempfindlichen Gemüse wie Tomaten, Paprika oder Auberginen auf einer hellen Fensterbank in der Wohnung ausgesät werden. Levkojen, Zinnien und andere Sommerblumen, die jetzt gesät werden, blühen schon im Mai.

In keimfreie, nährstoffarme Erde säen

- Für die Aussaat eignen sich folgende Gefäße: flache Schalen mit gutem Wasserabzug, Anzuchtplatten (bestehend aus vielen einzelnen Kammern) oder bei relativ großen Samen auch kleine Ton- oder Quelltöpfe.
- Das richtige Substrat sollte locker und durchlässig, von feinkrümeliger Struktur, humusreich, aber nährstoffarm sein. Letzteres ist wichtig, da **zu hohe Salzgehalte die Wurzelentwicklung bei Jungpflanzen eher hemmen als fördern.** Die Erde muss zudem keimfrei sein, um dem Befall mit Pilzkrankheiten bei den jungen Sämlingen vorzubeugen. Selbst gemischte Erde sollte deshalb (für 30 Min. bei 100 °C im Backofen) sterilisiert werden. **Eine sehr gut geeignete, weitestgehend keimfreie Anzuchterde** bieten übrigens frisch aufgeworfene Maulwurfshügel auf nicht zu lehmhaltigem Untergrund.
- Ansonsten gibt es spezielle Aussaaterde, die genau auf die Bedürfnisse der Jungpflanzen abgestimmt ist. Wurde diese Erde bei niedrigen Temperaturen in Schuppen, Keller oder Garage gelagert, sollte sie vor der Aussaat rechtzeitig hereingeholt werden, damit sie Zimmertemperatur annimmt.

Erst gießen, dann die Samen verteilen

MANUFACTUM-TIPP

Bei der Verwendung größerer Saatschalen, in die verschiedene Pflanzen gesät werden, empfiehlt sich die (optische) Abtrennung der einzelnen Bereiche. Sehr gut dafür geeignet sind hölzerne Schaschlikspieße, die Sie einfach auf die Erde legen und leicht festdrücken.

- Füllen Sie das Substrat locker bis zum Gefäßrand ein, glätten und drücken es mit der Hand oder einem Stück Holz leicht an. **Die Samen haben später einen besseren Bodenkontakt**, wenn die Erde kompakt liegt und keine Hohlräume aufweist. Diese würden sich zwar auch im nächsten Schritt, dem Angießen, schließen, die Oberfläche wäre dann aber nicht – wie gewünscht – glatt und plan. Gießen Sie anschließend mit einer feinen Brause durchdringend bis das Wasser unten wieder aus Schale oder Topf herausfließt. **Dies muss immer schon vor der Aussaat gemacht werden**, da ein späteres Gießen ein Verschwemmen oder Verklumpen der Samen zur Folge hätte.
- Verteilen Sie den Samen möglichst gleichmäßig und achten Sie darauf, dass keine Körner über- oder sehr dicht beieinanderliegen. Dies gelingt gut, wenn sie **durch leichtes Klopfen an das Samentütchen ausgebracht werden.** Die Sämlinge gedeihen besser, wenn sie rundherum etwas Platz haben. Sie wachsen in der Regel schneller, sind gesünder und entwickeln ein stärkeres Wurzelsystem.
- **Dunkelkeimer** sind Pflanzen, deren Samen nur bei ausreichender Dunkelheit keimen bzw. bei denen die Keimung durch Licht gehemmt wird. Sie müssen nach dem Säen mit einer dünnen Schicht Erde übersiebt werden. Als **Lichtkeimer** werden dagegen Pflanzen bezeichnet, die zur Keimung neben den üblichen Faktoren Wasser, Wärme und Sauerstoff auch Licht benötigen. Diese werden bei der Aussaat nur leicht angedrückt. Verwenden Sie dazu am besten ein trockenes Holzbrettchen; an der flachen Hand würden zahlreiche Samen kleben bleiben. Die Information, ob es sich um einen Licht- oder Dunkelkeimer handelt, befindet sich in der Regel auf der Samentüte.
- **Markieren Sie die Aussaat mit dem leeren Samentütchen**, das längs zusammengerollt in die Erde gesteckt werden kann oder einem Etikett. Eine kostenlose und von der Größe her optimale Variante sind Eisstiele, die im Sommer gesammelt wurden.

Je gleichmäßiger die Samen verteilt werden, umso besser entwickeln sich daraus kräftige Pflänzchen.

„Gespannte Luft" ist von Vorteil

- Nach erfolgter Aussaat sollten die Gefäße möglichst abdeckt werden, um das Austrocknen der Erde durch Verdunstung zu verhindern und die **für die Keimung nötige Feuchtigkeit zu behalten.** Denn auch jetzt noch ist ein Gießen der Aussaat problematisch, weil die Samen „durcheinandergeraten" könnten. Sollte es dennoch notwendig sein, die Erde zu befeuchten, verwenden Sie dafür am besten eine Blumenbrause oder eine Sprühflasche.

- Zur Abdeckung eignen sich durchsichtige Folie oder Folienbeutel – die über das Gefäß gespannt und mit einem Gummi fixiert werden – oder eine aufgelegte Glasplatte. **Letztere muss nach erfolgter Keimung aber entfernt werden** (um das Wachstum der Keimlinge nicht zu behindern), während eine Folie bis zu einem gewissen Grad „mitwachsen" kann.
- Grundsätzlich gilt für die Pflanzenvermehrung (ob durch Aussaat oder über Stecklinge): **Es ist eine hohe Luftfeuchtigkeit, oder wie der Gärtner sagt „gespannte Luft", anzustreben.** Sobald nämlich die ersten grünen Blätter ausgetrieben sind, verdunstet die Pflanze Wasser – und dies umso mehr, je höher das Licht- und Wärmeangebot ist. Gleichzeitig ist aber das Wurzelwerk der jungen Pflänzchen noch kaum entwickelt, sodass nicht genügend Wasser aus dem Boden aufgenommen werden kann, um den Verlust über die Blätter auszugleichen – die zarten Keimlinge würden also schnell vertrocknen. Ein hoher Feuchtegehalt der umgebenden Luft wirkt dem entgegen, da er die Verdunstungsrate senkt.

Auch ein ganz kleines Gewächshaus bietet beste Keim- und Wuchsbedingungen: Wärme und hohe Luftfeuchte.

Lüften und schattieren

- Um zu hohe Temperaturen zu vermeiden, lüften Sie an sonnigen Tagen und schattieren gegebenenfalls zusätzlich. Das geht auf der Fensterbank einfach mit einem Stück Pappe, das zwischen Scheibe und Pflanzen gestellt wird. **Die Luft direkt hinter einer Fensterscheibe erwärmt sich bei Sonneneinstrahlung nämlich sehr schnell**, sodass rasch Temperaturen von 30 °C und mehr erreicht werden können, die zu einer Schädigung der zarten Jungpflanzen führen würden.
- Achten Sie immer auf ein ausgewogenes Verhältnis von Wärme und Licht. Die Temperatur darf bei bedecktem Wetter (und dementsprechendem Lichtmangel) nicht zu hoch sein, denn **die Pflanzen bilden unter solchen Bedingungen nur schwache, dünne, blasse Triebe** – sie „vergeilen". Um dies zu vermeiden und einen gedrungenen Wuchs mit gesunden kräftigen Trieben und Blättern zu fördern, stellen Sie die Aussaatgefäße an dunklen Tagen besser etwas kühler auf, jedoch nicht an Plätze mit weniger als 16 °C.

Wie war das noch mal?!

1. Für die Aussaat lockere, keimfreie und nährstoffarme Erde verwenden.
2. Die Erde glätten, leicht andrücken und dann mit feiner Brause gießen. Erst dann aussäen.
3. Dunkelkeimer leicht übersieben, Lichtkeimer nur etwas andrücken.
4. Für eine hohe Luftfeuchtigkeit sorgen, vor allem, wenn die Samen gekeimt haben.
5. Möglichst hell aufstellen, an sonnigen Tagen aber schattieren, wenn es direkt am Fenster zu heiß wird.

Von Halb- und Hochstämmen

Edelreis, Unterlage, Halb- oder Hochstamm: Wie in jedem Fachgebiet gibt es auch unter „Baumschulern" zahlreiche Fachbegriffe, die für manchen Gartenneuling ein Rätsel sind – aber dennoch wichtig zur Beantwortung der Frage, welche (Obst-)Bäume im Garten gepflanzt werden sollen.

Alle Kultursorten von Obstbäumen entstehen durch **das Aufpfropfen eines sogenannten Edelreis auf eine fremde Wurzel (die sogenannte Unterlage)**. Dieses Verfahren der Veredelung ist bei der Anzucht von Bäumen gleicher Sorte unumgänglich, da nur durch diese Art der vegetativen Vermehrung ein sortenechter Nachkomme gezogen werden kann. Die Veredelung erlaubt dem Gärtner zudem, durch die Wahl der Unterlage (ist diese stark- oder eher schwachwüchsig?), die Wuchsform und insbesondere die spätere Größe des Baumes festzulegen. **Die Stammhöhe (gemessen vom Boden bis zum untersten Kronenast) verändert sich bei einem veredelten Baum nämlich kaum mehr**, sondern das Wachstum erfolgt an den Endknospen der Kronenäste.

In sogenannten Baumschulquartieren werden große Mengen gleichartiger Bäume (Sorte, Wuchsform) angezogen.

Für Obstwiesen oder Kleingarten?

Der sogenannte **Hochstamm** ist die ursprüngliche Wuchsform vieler alter Kultursorten auf den Streuobstwiesen. Aufgrund der Stammhöhe von 1,60–1,80 m erlaubt sie eine zusätzliche Grünlandnutzung auf derselben Fläche, etwa als temporäre Weide für Schafe oder Kühe. Hochstämme sind ihrer majestätischen Größe wegen als Lebensraum für Vögel und Insekten von besonderem ökologischem Wert und auch in der Lage, Schatten zu spenden oder eine Hängematte zu tragen. Die Bäume sind aber auch aufwendiger zu pflegen und schwieriger zu beernten als kleinere Baumformen (Sie brauchen auf jeden Fall eine Leiter) und benötigen im ausgewachsenen Zustand eine Fläche von 70–80 m^2.

Der **Halbstamm** steht dem Hochstamm in Kronenbreite und Wuchs in nichts nach, jedoch ist sein Stamm nur 1,00–1,20 m hoch, wodurch die Krone leichter zu erreichen ist. Bei beiden Baumformen ist die erste Ernte – richtige Pflege vorausgesetzt – etwa vier Jahre nach der Pflanzung zu erwarten. Dies kann natürlich nur ein Anhaltspunkt sein; dieser Termin kann, durch Sortenwahl oder Umwelteinflüsse bedingt, Jahre früher oder später eintreten. Halb- und Hochstämme sind bei guter Pflege ausgesprochen langlebig: Apfel- und Quittenbäume können bis zu 50, Birnbäume sogar 100 Jahre alt werden.

Ein **Buschbaum** empfiehlt sich, wenn der Platz im Garten knapp ist. Das Edelreis ist hier auf eine schwach wachsende Unterlage veredelt, sodass die Bäume nur etwa 3 m hoch werden bei einem Platzbedarf von 12–16 m^2. Vorteilhaft ist auch, dass Buschbäume meist schon nach zwei Jahren Früchte tragen. Der Nachteil dieser Wuchsform ist allerdings, dass die Bäume in der Regel nur 15–20 Jahre alt werden.

Gut gepflegte Birnbäume können sehr alt werden und dabei reiche Ernten bringen.

Befruchtungsverhältnisse

Einige der wichtigsten Obstarten (etwa Äpfel, Birnen und Süßkirschen) befruchten sich nicht selbst, sondern benötigen dazu einen sogenannten **Pollenspender in der Nachbarschaft in maximal 200 m Entfernung**. Bei Äpfeln und Birnen reicht es dabei in der Regel aus, dass irgendein zweiter Apfel- oder Birnbaum vorhanden ist. **Bei der Süßkirsche ist die Sache etwas komplizierter**, weil bestimmte Sorten nur von bestimmten anderen Sorten befruchtet werden können. Da die örtlichen Verhältnisse diesbezüglich oft schwer einschätzbar sind, kann es vorkommen, dass ein Obstbaum trotz Blüte keine Früchte trägt. Ein weiterer Grund dafür kann aber auch sein, dass zur Blütezeit nicht genug Bienen unterwegs waren – ihre Arbeit ist zwingende Voraussetzung dafür, dass die Blüten bestäubt werden und der Baum Früchte ansetzt.

Wohnungsbau für Hummel, Wildbiene & Co.

Insektenhäuser im Garten aufhängen

Wildbiene, Hummel, Florfliege oder Marienkäfer sind im Garten von großem Nutzen, da sie zahlreiche Schädlinge vertilgen oder für die Bestäubung der Obstgehölze sorgen. Hängen Sie für diese hilfreichen Tiere geeignete Quartiere im Garten auf.

Insektenhäuser mit horizontalen Brutröhren werden vor allem von Wildbienen angenommen.

Jede Menge nützliche Insekten

- Die zahlreichen Insekten, die die Bestäubung unserer Nutzpflanzen sicherstellen oder als Gegenspieler von Blattlaus, Spinnmilbe und Co. bei der Schädlingsbekämpfung helfen, sind teilweise stark bedroht. Aufgrund der Versiegelung von Flächen, dem Einsatz von Pestiziden oder einem übertriebenen Ordnungssinn vieler Gärtner **finden sie nämlich immer weniger geeignete Lebensräume**.
- Sie können zum Überleben dieser nützlichen Tiere aber wirksam beitragen, indem Sie geeignete **Quartiere zum Nisten oder Überwintern** aufstellen – und generell den Garten „insektenfreundlich" machen. Schneiden Sie also abgestorbene Pflanzenteile und Verblühtes im Herbst nicht ab, sodass die Insekten in den hohlen Stängeln überwintern können. **Siedeln Sie nektar- und pollenreiche, möglichst heimische Pflanzen an**, die den Tieren das ganze Jahr über als sichere Futterquelle dienen. Gartenabfälle wie Laubreste oder Strauchschnitt sollten nicht in die Biotonne entsorgt, sondern zu Haufen aufgeschichtet werden, in denen die Insekten Unterschlupf finden können. Und verwenden Sie keine chemischen Pflanzenschutzmittel, denn diese töten neben den Schädlingen auch die Nützlinge ab.

Ideal: Hartholz mit Bohrungen in Längsrichtung

- Inzwischen gibt es zahlreiche Ausführungen von Insektenhäusern zu kaufen – oder man kann sie auch selbst bauen. Möglich sind Häuser, die für nur eine Art gedacht sind und dabei ganz spezielle Vorlieben und Bedürfnisse erfüllen **(markhaltige oder hohle Stängel, Bohrungen in Holz oder Ziegel, Lehm- oder Lössflächen)** oder größere „Hotels", die in vielen Kammern unterschiedliche Insekten beherbergen können.
- Achten Sie sowohl beim Kauf als auch beim Selbstbau darauf, dass die Häuser den Vorgaben von BUND oder NABU entsprechen: So sollten Bohrungen oder andere Hohlräume einen **glatten „Eingang" und saubere Wände ohne querstehende Fasern und Späne haben**, die die zarten Insektenflügel schädigen könnten.
- Holzstücke mit verschieden weiten Bohrungen sind die gängigsten und sinnvollsten „Wohnangebote" für zahlreiche Wildbienen und -wespen. Für diese Nisthilfen darf nur abgelagertes, trockenes und unbehandeltes Hartholz (etwa von Buche, Esche, Obstbäumen oder Eiche) verwendet werden. **Das Holz von Nadelbäumen ist nicht geeignet**, da aus angebohrten Harzkanälen Harz austreten und den Insekten die Flügel verkleben kann. Auch Weichholz von Laubbäumen (etwa von Weide, Pappel) ist ungeeignet, da hier die Fasern bei Feuchtigkeit in den Bohrgang quellen.
- Wichtig ist auch, dass die **Bohrungen ins Längsholz** eingebracht werden, da auf der Hirnholzfläche (wie es bei einer kompletten Baumscheibe der Fall wäre) die Holzkapillaren offen sind. Hier kann Wasser eindringen und wird über die Kapillaren weiter ins Holzinnere geleitet: Selbst gut abgelagertes Holz wird dann über kurz oder lang reißen. Weiteres Wasser sowie Parasiten können eindringen und zu verheerenden Verlusten bei den im Holz brütenden Wildbienen und -wespen führen.

MANUFACTUM-TIPP

Wenn Sie im zeitigen Frühjahr eine entkräftete Hummelkönigin auf dem Boden finden, lässt sich dem Tier recht einfach helfen – und damit vielleicht ein ganzer Hummelstaat retten. Heben Sie die Hummel mit bloßen Händen oder einem Stück Papier vorsichtig auf und bieten ihr eine Zuckerlösung an (ein halber Teelöffel Zucker in etwas lauwarmem Wasser aufgelöst), die sie mit ihrem Saugrüssel aufnehmen kann.

Ob eine Brutröhre besiedelt ist, also eine Larve darin heranwächst, lässt sich an dem verschlossenen Eingang erkennen.

Ein geschützter Platz in Blütennähe

- Wählen Sie für ein Insektenhaus einen sonnigen, wind- und regengeschützten Ort, der im Winter nicht zu stark auskühlt. Der Schutz vor Nässe ist besonders wichtig: **Keinesfalls darf Feuchtigkeit in die Niströhren eindringen**, da die Larven sonst von Schimmel befallen werden könnten. Verwenden Sie für die Befestigung nur verwitterungsbeständiges Material.
- Installieren Sie die Nisthilfe in der Nähe von Kräutern, blütenreichen Pflanzen, einheimischen Sträuchern und Bäumen, um eine schnelle Ansiedlung zu fördern und den Nahrungsbedarf der Insekten abzudecken.

- Das Insektenhaus wird dann ganzjährig draußen (an der gleichen Stelle) belassen. **Den Larven schaden winterliche Bedingungen nicht** bzw. einige benötigen diese sogar für ihre Entwicklung. Stellen Sie den Kasten also keinesfalls, auch nicht bei lang anhaltendem starken Frost, an einen wärmeren Ort. Die Larven würden sich zu schnell entwickeln und bereits im Winter schlüpfen.
- **Eine Reinigung von Insektenhäusern ist nicht notwendig.** Stark verwitterte, nicht belegte Nisthilfen sollten Sie aber im Frühjahr austauschen.

In einem solchen Hummelnistkasten finden die schon im Spätwinter fliegenden Königinnen eine optimale Wohnstatt.

Ein eigenes Reich für die Hummelkönigin

- Schon ab Ende Februar begeben sich die ersten Hummelköniginnen auf die Suche nach einem Nistplatz, um ein neues Volk zu gründen. (Anders als bei Honigbienen, bei denen das gesamte Volk überwintert, sterben außer der bereits begatteten Jungkönigin alle anderen Hummeln im Herbst ab.) Fehlen im Garten geeignete Plätze zum Nestbau – Totholzhaufen, Steinspalten oder Erdlöcher –, empfiehlt sich das Aufstellen eines Hummelnistkastens.
- **Stellen Sie den Kasten möglichst schon Mitte Februar auf**; nicht in der prallen Sonne oder im tiefen Schatten, sondern an einem geschützten halbschattigen Standort mit regem Licht- und Schattenspiel an der Frontseite. Am besten geeignet ist ein Platz, der von der Morgensonne erwärmt, im weiteren Tagesverlauf dann aber schattiert wird.
- Richten Sie den Kasten so aus, dass **das Einflugloch nicht der Hauptwetterseite zugewandt** ist, und stellen Sie ihn abseits häufig begangener Wege oder Spiel- und Nutzflächen auf. Für Kontrollzwecke muss der Standort aber trotzdem gut zugänglich sein.
- Der Hummelschutz ist sehr wichtig, da alle in Mitteleuropa vorkommenden Arten in ihrer Existenz gefährdet sind. Allein in Deutschland sind von den 29 vorkommenden Hummelarten zehn bereits regional verschwunden. Aufgrund ihrer frühen Aktivität (schon ab Ende Februar) **sind Hummeln aber ausgesprochen wichtig für die Bestäubung**, zumal sie auch schon bei Temperaturen ab –5 °C fliegen.

Wie war das noch mal?!

1. Nützliche Insekten (für die Bestäubung und als Gegenspieler von Schädlingen) im Garten fördern.
2. Beim Kauf oder Bau eines Insektennistkastens die Vorgaben des NABU oder BUND beachten.
3. Nur Hartholz verwenden, nur ins Langsholz bohren und saubere Bohrlöcher ohne Späne anlegen.
4. Das Insektenhaus an einem sonnigen wind- und regengeschützten Ort aufhängen.
5. Schon ab Ende Februar umherfliegenden Hummelköniginnen ein Quartier anbieten.

Platz für den neuen Austrieb schaffen

Pflege- und Aufräumarbeiten im Staudenbeet

Bevor die ersten Stauden mit dem Austrieb beginnen, wird im Beet „aufgeräumt". Entfernen Sie die Pflanzenreste des Vorjahrs sowie den Winterschutz aus Laub, um Raum, Licht und Luft für den Neuaustrieb zu schaffen, und teilen Sie große überalterte Staudenhorste.

Erst im Frühjahr sollten Laub und Stängel des Vorjahrs entfernt werden – vorher sind sie noch von Nutzen.

Die Reste des Vorjahrs entfernen

- Entfernen Sie nun die Stängel, Blütenstände und Blätter des Vorjahrs aus dem Staudenbeet. Sie haben über den Winter ihren Zweck erfüllt: **Vögel ernährt, Insekten beherbergt, die Staude vor Frost geschützt** und nicht zuletzt den winterlichen Garten geziert. Bei vielen Pflanzen ist es übrigens einfacher, die trockenen Stängel und Blätter einfach herauszuziehen, als sie zu schneiden.
- Haben Sie bei empfindlichen Stauden im Herbst einen Winterschutz aufgebracht, muss dieser beseitigt werden, bevor der Neuaustrieb beginnt. **Entfernen Sie auch das Falllaub des Vorjahrs aus den Beeten**, das den Winter über als schützende Bodenbedeckung diente. Es verhindert jetzt, dass die Sonne den Boden erwärmt und lässt kein Licht an die austreibenden Frühblüher. An manchen Stellen ist es leichter, die Blätter mit beiden Händen aus den Beeten zu klauben, anstatt einen Laubbesen zu verwenden.
- Kontrollieren Sie auch, **ob Stauden über den Winter hochgefroren sind**, und drücken Sie sie in diesem Fall mit beiden Händen wieder fest in den Boden. Vor allem im Herbst neu gepflanzte Stauden noch ohne ein dichtes Wurzelwerk sind diesbezüglich „gefährdet".

Düngen und verjüngen

- Verteilen Sie als Frühjahrsdüngung eine etwa fingerdicke Schicht aus Kompost auf dem Staudenbeet. Dies vitalisiert die Stauden und verlängert ihre Lebensdauer. **Der Kompost sollte unkrautfrei und nicht zu grob sein**, deshalb empfiehlt es sich, das Material vor dem Aufbringen durchzusieben. Steht kein Kompost zur Verfügung, bringen Sie stattdessen einen guten, nicht zu groben organischen Dünger aus (Pellets aus Pferde- oder Schafmist, Hornmehl oder Ähnliches).
- Zu groß gewordene, blühfaule oder überalterte Staudenhorste sollten jetzt geteilt werden. Nehmen Sie dazu die Pflanze mit einer Grabegabel vorsichtig auf, schütteln die lose Erde von den Wurzeln und **teilen den Ballen mit einem scharfen Messer oder Spaten**. Wurzelunkräuter wie Giersch oder Quecke können in diesem Zuge aus dem Wurzelballen entfernt und am besten über die Biotonne entsorgt werden. Setzen Sie eine Hälfte (oder bei sehr großen Horsten ein Teilstück) der Staude zusammen mit etwas reifem Kompost wieder zurück ins Pflanzloch. **Ein typisches Zeichen für Überalterung ist**, dass die neuen Triebe hauptsächlich am Rand gebildet werden und die Staude innen verkahlt. Verwenden Sie deshalb nur die (noch vitalen) äußeren Stücke des Staudenhorstes und pflanzen diese wieder ein; wohingegen die inneren besser auf den Kompost gegeben werden.

Bei Schnecken begehrte, frisch austreibende Stauden sollten jetzt schon mit einem Schutz versehen werden.

„In the green“: ausgetriebene Blumenzwiebeln versetzen

- Schützen Sie frisch austreibenden Rittersporn oder Lupinen und generell Stauden, die besonders stark von Schnecken „heimgesucht“ werden, mit geeigneten Mitteln vor Fraß. Möchten Sie auf Schneckenkorn verzichten, schützt ein Ring aus Kunststoff, Kupfer- oder Stahlblech sicher in den ersten Wochen – **ab einer bestimmten Größe sind die Pflanzen dann meist schon weniger gefährdet**.
- Bei einigen früh (also jetzt) blühenden wintergrünen Stauden empfiehlt sich der Rückschnitt des Laubs – selbst wenn es noch gut aussieht. Die Blüten kommen auf diese Weise besser zur Geltung, und danach treibt sehr schnell neues Laub heran. Beispiele sind die Lenzrose (*Helleborus*) sowie die Elfenblume (*Epimedium*).
- Jetzt ist auch die richtige Zeit, um **austreibende Blumenzwiebeln zu verpflanzen** – „in the green“ wie die Engländer sagen. Wer im Herbst nicht sicher war, wo die Zwiebeln den optimalen Platz finden würden, hat sie provisorisch in Töpfe gesetzt und kann sie nun gezielt zwischen den austreibenden Stauden platzieren. Auch

können Sie jetzt zu große Blumenzwiebelhorste (zum Beispiel von Schneeglöckchen, Traubenhyazinthen oder Krokus) auseinandernehmen und weiter im Garten verteilen.

Exkurs: Kompost umsetzen und sieben

Um größere Menge Kompost sieben zu können, lohnt sich die Anschaffung eines Durchwurfsiebs.

- Ist der Kompost nicht durchgefroren, kann er nun bei trockener Witterung umgesetzt und gesiebt werden. Auch nach einem Jahr Rottezeit finden sich darin noch unvollständig zersetzte Materialien wie Holzstücke oder Reste von gerbsäurehaltigem Laub (etwa von Eiche oder Walnuss). Das grobe Material dient zum Ansetzen neuen Komposts, **der gesiebte Feinkompost steht gleich zu Beginn der neuen Saison zur Verfügung**. Wählen Sie dafür einen trockenen, möglichst sonnigen Tag, damit das Material bei der Arbeit nicht verklumpt.
- Zum Sieben größerer Kompostmengen empfiehlt sich die Verwendung sogenannter Durchwurfsiebe. Sie werden entweder auf den Boden oder über eine Schubkarre gestellt, der Kompost mit einer Schaufel aufgenommen und durch das Drahtgeflecht geworfen. **Durch den Neigungsgrad lässt sich die Feinheit des Materials beeinflussen**: je steiler der Aufstellwinkel, umso feiner wird der Kompost gesiebt.
- Für das Arbeiten auf begrenzter Fläche (also in kleineren Gärten) eignet sich dagegen gut ein sogenannter Feinkompostierer. Der Kompost wird in eine Trommel gefüllt, die unten aus einem Sieb besteht. Das Drehen der innen liegenden Spindel bewirkt, dass das Material gegen das Sieb gedrückt wird und **als feine Erde in ein daruntergestelltes Behältnis fällt**.
- Geben Sie das ausgesiebte grobe Material auf den nächstjüngeren Komposthaufen oder füllen es ganz unten in einen leeren Komposter. Soweit Sie den fein gesiebten Reifkompost nicht gleich für eine leichte Frühjahrsdüngung im Garten verbrauchen, sollten Sie ihn bis zur Verwendung vor Starkniederschlägen schützen (etwa durch die Abdeckung mit einer Folie), damit keine Nährstoffe ausgewaschen werden.

Wie war das noch mal?!

1. Die trockenen Blütenstände, Stängel und Blätter des Vorjahrs entfernen, ebenso wie den Winterschutz.
2. Hochgefrorene Stauden wieder in den Boden drücken.
3. Blühfaule, überalterte Staudenhorste teilen und neu einpflanzen.
4. Frisch austreibende schneckenfraßgefährdete Stauden schützen.
5. Austreibende Blumenzwiebeln an den gewünschten Stellen im Staudenbeet platzieren.

Service

Januar

- Bei frostfreiem Wetter Schnittarbeiten an Bäumen und Sträuchern durchführen
- Herbsthimbeeren knapp über dem Boden abschneiden und Kompost beigeben
- Bei offenem Boden Pflanzgruben für Obstbäume vorbereiten
- Erste Aussaaten unter Glas: frühe Sorten von Salat, Radieschen, Kohlrabi, Rettich, einige Sommerblumen
- Keimfähigkeit der Saatgutbestände prüfen und gegebenenfalls neu kaufen
- Beerensträucher durch Absenker vermehren
- Stauden- und Gemüsebeete, Gehölz- und Rasenflächen nach Bedarf kalken
- An frostfreien Tagen Topinambur, Schwarzwurzeln, Pastinaken, Rosenkohl, Grünkohl oder Feldsalat ernten
- An Obstbäumen Leimringe überprüfen, anhaftende Blätter und Ästchen entfernen, die als Brücke dienen können
- Die Immergrünen schattieren, um Trockenschäden bei Kahlfrost zu verhindern; bei Bedarf gießen
- Herbstlaub aus dem Vorjahr von früh blühenden Pflanzen entfernen
- Zäune ausbessern, um Nagetiere und Rehe abzuhalten
- Schnee entfernen: von Gewächshaus, Frühbeet, Schuppen und Pflanzen
- Wildtiere im Garten füttern
- Brennholz machen

Februar

- Bei frostfreiem Wetter Winterschnitt von Hecken (Hainbuche, Liguster, Buche etc.)
- Sommerblühende Ziersträucher (Sommerflieder, Schneeball-Hortensie, Hibiskus) zurückschneiden oder verjüngen
- Beerensträucher pflanzen, alte und neue Pflanzen mit Kompost mulchen
- Frühblühende Zwiebelblumen teilen und verpflanzen (z.B. Schneeglöckchen)
- Balkonkästen mit Frühjahrsblühern bepflanzen
- Beginn der Aussaat von Tomate und Paprika auf der Fensterbank
- In milden Gegenden bei offenem Boden ab Mitte Februar Dicke Bohnen aussäen
- Erste Aussaaten im Gewächshaus, Frühbeet oder unter Vlies: Schnittsalat, Möhren, Kohlrabi, Kresse, Radieschen
- Frühbeete, Folientunnel oder Gewächshaus auf Dichtigkeit überprüfen und gegebenenfalls reparieren
- Schalotten und Knoblauch stecken
- Mulchschichten entfernen, damit sich der Boden erwärmen kann. Ausnahme: unter frühblühenden Obstgehölzen
- Mediterrane Topfkräuter mit Vlies oder Tannenreisig vor Spätfrösten schützen
- Herbstpflanzungen kontrollieren, hochgefrorene Stauden wieder andrücken
- Frühbeetfenster und Gewächshausscheiben reinigen
- Eine Kräuterspirale bauen
- Aus Weiden- oder Haselstecken Rankgerüste oder Beeteinfassungen bauen

März

- Ausdauernde, verholzende Kräuter wie Salbei, Thymian oder Bergbohnenkraut zurückschneiden
- Pfirsich kurz vor oder während der Blüte schneiden
- Erste Aussaaten (mit Frostschutz) im Freiland: Pflücksalat, Mangold, Spinat, Schnittlauch, Radieschen, Möhren
- Rhabarber, Meerkohl oder Löwenzahn antreiben
- Obstgehölze veredeln
- Hortensien düngen
- Stauden mit einer fingerstarken Schicht aus unkrautfreiem Kompost bedecken
- Nach Bodenuntersuchung Vorratsdüngung ausbringen
- Hochbeete auffüllen, wenn die Erde über den Winter abgesackt ist
- Erste Ernte von Kerbel, Sauerampfer oder dem Grün der Winterheckenzwiebel
- Sammeln von ersten Wildkräutern als Salat- und Suppenzugabe
- Stauden und Gräser vom Vorjahr zurückschneiden
- Herbstlaub, generell Winterschutz, aus den Beeten entfernen
- Erdbeeren jäten und abgestorbene Blätter abschneiden; vorsichtig den Boden lockern
- Himbeeren aufbinden und einkürzen; alte und schwache Ruten entfernen
- Rosen, Sträucher und Stauden im Topf düngen und gegebenenfalls umtopfen
- Überwinterte Balkonpflanzen wie Geranien oder Fuchsien zurückschneiden, umtopfen und düngen
- Töpfe und Kästen für die neue Saison reinigen

April

- Tomaten (ggf. mit Frostschutz) Ende des Monats ins Freiland bringen bzw. draußen ins Tomatenhaus
- Aussaaten im Freiland (noch mit Frostschutz) von Salat, Mangold, Spinat, Petersilie, Radieschen, Möhren
- Auch einjährige Kräuter wie Kerbel, Kresse oder Dill direkt ins Freiland säen
- März-Aussaaten in Schalen pikieren oder in kleine Einzeltöpfe setzen
- Im Haus vorgezogene Gemüsepflänzchen pikieren oder bei bedecktem Himmel gleich ins Freiland setzen
- Direktaussaat im Freiland von einjährigen Sommerblumen
- Eine Nützlingswiese aussäen
- Ende des Monats Dahlien und andere sommerblühende Zwiebeln und Knollen pflanzen
- Kompost durchmischen und belüften und auf Baumscheiben, Pflanzstreifen und Beete verteilen
- Im Erdbeerbeet regelmäßig jäten und Boden lockern
- Auf Gartenbeeten, die erst im Mai bepflanzt werden, Gründüngung aussäen
- Rosen düngen
- Im Freiland ernten: Rhabarber, Frühsalate, Schnittlauch, Radieschen
- Baumscheiben unkrautfrei halten, besonders bei frisch gepflanzten Bäumen
- Bei Trockenheit Neuanpflanzungen wässern
- Rosen abhäufeln, wenn die Sauerkirschen blühen
- Rankhilfen für neue Kletterpflanzen installieren

Mai

- Bei zu starkem Fruchtansatz Obstbaumkronen ausdünnen
- Nach den Eisheiligen den Balkon fertig bepflanzen
- Zwiebel-, Lauch- und Möhrensämlinge ausdünnen
- Salat satzweise im Abstand von zwei Wochen aussäen und mit Arten und Sorten variieren
- Erste Gemüse ernten: Schnittsalat, Spinat, Radieschen, Rettich, Kohlrabi
- Rosen vorbeugend mit Ackerschachtelhalmextrakt spritzen
- Hoch werdende Stauden stützen
- Blühende Beerensträucher bei längerer Trockenheit gießen, um ein Verrieseln zu verhindern
- Kartoffeln anhäufeln, Kraut mit Gesteinsmehl bestäuben
- Gemüsebeete mit feinem Netz abdecken, zum Schutz vor Gemüsefliegen
- Nach der Blüte Stroh zwischen den Erdbeeren auslegen
- Als Schutz vor Verunkrautung und zur Bodenerwärmung Gurken und Kürbisse in schwarze Mulchfolie pflanzen
- Stachelbeeren auf Mehltaubefall kontrollieren und befallene Triebspitzen abschneiden
- Bei Spätfrost Aussaaten, Jungpflanzen, ausgeräumte Kübelpflanzen etc. mit Vlies bedecken
- Bei Zwiebelblumen Verblühtes entfernen, damit keine Energie in die Samenbildung geht; das Laub stehenlassen
- Frostempfindliche Kübelpflanzen nach den Eisheiligen ins Freie räumen

Juni

- Sommerschnitt bei Pfirsich, Süßkirsche und Weinrebe
- Spätestens bis Ende des Monats Lauch, Rosen-, Weiß- und Rotkohl setzen und die Pflänzchen anhäufeln
- Bis Mitte des Monats Möhren für die Lagerung säen
- Aussaat der Zweijährigen: Bartnelke, Nachtkerze, Glockenblumen oder Stockrosen
- Zu dicht gesäte Jungpflanzen ausdünnen
- Bei steigenden Temperaturen nur noch abends hacken, um die Verdunstung zu reduzieren
- Gartenwege mit Pendelhacke jäten
- Nach der Hauptblüte Rosen düngen
- Mit verdünnter Kräuterjauche Tomaten, Kohl, Kürbis, Zucchini düngen
- Balkonpflanzen alle zwei bis drei Wochen flüssig düngen
- Holunderblüten ernten und verarbeiten (Sirup, Gelee, Saft)
- Erste Kräuter trocknen, z.B. Salbei oder Thymian
- Noch bis Johanni Rhabarber und Spargel ernten, dann Ruhephase einhalten
- Kirschen und Erdbeeren ernten und verarbeiten
- Ende des Monats die ersten Frühkartoffeln ernten
- Obstgehölze auf Feuerbrand- und Moniliabefall kontrollieren und befallene Pflanzenteile aus dem Garten entfernen
- Wurzelgemüse wie Rettich, Radies oder Kohlrabi gleichmäßig feucht halten, um holzige Knollen zu vermeiden
- Tulpenzwiebeln (keine Wildtulpen) zum Übersommern ausgraben

Juli

- Sommerschnitt bei Obstbäumen: überflüssigen Neuzuwachs herausnehmen
- Lavendel zurückschneiden und gleichzeitig Blüten ernten
- Sträuchern, die im späten Frühjahr geblüht haben (und inzwischen verwelkt sind) auslichten
- Verblühtes bei den Rosen ausschneiden
- Ende des Monats die abgetragenen Ruten der (Sommer-)Himbeeren direkt am Boden entfernen
- Erdbeeren etwa 5 cm über dem Boden zurückschneiden
- Im Juli und August ist die beste Zeit für den Walnussschnitt
- Stecklinge von Buchsbaum machen
- Gründüngung auf abgeernteten Beeten ausbringen
- Johannisbeeren, Erdbeeren, Himbeeren ernten und verarbeiten
- Die ersten Gemüsesamen (für die eigene Vermehrung) ernten; nicht von früh geschossten oder kranken Pflanzen
- Erdbeerausläufer entfernen
- Kletterpflanzen leiten und anbinden
- Jungbäume von Graswuchs freihalten
- Samenunkräuter regelmäßig vor der Blüte entfernen
- Gegebenenfalls noch überzählige (sowie beschädigte oder beschattete) Früchte beim Stein- und Kernobst entfernen
- Kübelpflanzen regelmäßig gießen und Mehrjährige ein letztes Mal düngen
- Regenwasser sammeln
- Bad und Tränke für Vögel aufstellen
- Sträuße pflücken

August

- Sauerkirschen nach oder während der Ernte kräftig einkürzen
- Buchs jetzt noch einmal in Form bringen (bei bedecktem Wetter arbeiten oder nach dem Schnitt schattieren)
- Kopf-, Eis- und Pflücksalate, Radicchio und Chinakohl pflanzen
- Herbstkrokusse und Herbstzeitlose setzen
- Päonien, Christrosen, Taglilien oder Iris, die an Vitalität nachlassen, teilen und umpflanzen
- Stecklinge von Fuchsien, Geranien und verholzenden Kräutern schneiden
- Abgeerntete Bohnen- und Erbsenpflanzen nicht ausreißen, sondern abhacken, damit die stickstoffhaltigen Wurzelknöllchen im Boden bleiben
- Erdbeeren nach der Ernte mit Kompost düngen und wässern
- Im Obst- und Ziergarten nur noch kalibetont düngen; das fördert die Winterhärte
- Die ersten Äpfel ernten („Augustäpfel“)
- Kornelkirschen ernten, wenn sie dunkelrot sind
- Sommerbirnen rechtzeitig ernten, vollreife Früchte werden rasch mehlig
- Zwiebeln erst ernten, wenn das Laub trocken ist
- Samenkapseln der Kapuzinerkresse ernten und als Kapernersatz einlegen
- Ackerschachtelhalm sammeln und trocknen (zum Verjauchen)
- Reichtragende Obstbäume abstützen
- Freie Balkonkasten mit Herbstblühern bepflanzen

September

- Letzter Formschnitt immergrüner Hecken vor dem Winter
- Tafeltrauben ernten und gleichzeitig schneiden
- Bei (zu) stark wachsenden Bäumen Wasserschosse entfernen
- Blumenzwiebeln in Töpfe setzen; schön ist eine gemischte Bepflanzung in verschieden hohen Lagen
- Im Juni ausgesäte Zweijährige an den endgültigen Standort auspflanzen
- Endivien für eine Spätherbst- und Winterernte ins Frühbeet setzen
- Der September ist, dank warmem Boden und kühler Luft, eine gute Zeit, um Rasen zu säen
- Abgeerntete Beete nicht brachliegen lassen, sondern Gründüngung oder Wintergemüse einsäen (Feldsalat, Spinat, Winterkopfsalat)
- Gesundes Fallaub kompostieren oder zum Mulchen von Gehölzflächen verwenden
- Herbsthimbeeren ernten; nach der Ernte die Ruten bodennah zurückschneiden
- Aus geplatzten Kohlköpfen Sauerkraut herstellen
- Eberesche und Holunder ernten und als Vogelfutter für den Winter trocknen
- Fallobst regelmäßig aufsammeln, um Krankheiten und Schädlinge zu entfernen
- Erdbeeren düngen und wässern zur Förderung der Blütenanlage
- Bei sonnigem, trockenem Herbstwetter frisch gepflanzte Stauden, Zweijährige und Gemüsepflanzen gut wässern
- Zum Monatsende Leimringe gegen Frostspannerraupen anlegen

Oktober

- Dicke, alte Triebe von Kletterrosen bodennah zurückschneiden; das führt zu einem kräftigen Neuaustrieb im Frühjahr
- Rhabarber pflanzen oder alte, große Stauden teilen
- Kaltkeimer wie Bärlauch, Waldmeister oder Süßdolde in Kisten aussäen und den Winter über im Freien aufstellen
- Samen von Gemüsen und Sommerblumen ernten
- Unreife, grüne Tomaten ins Haus holen; sie können dort bei Zimmertemperatur nachreifen
- Schnittlauch, Dill und Petersilie vor dem ersten Frost komplett abernten und einfrieren
- Quitten unbedingt vor dem ersten Frost ernten; sie verbräunen sonst und verlieren an Aroma
- Hagebutten von Wildrosen ernten
- Wintergrüne Stauden von Laub befreien; sie können darunter faulen
- Ist der Herbst sehr trocken, die Obstbäume und Beerensträucher noch einmal gut mit Wasser versorgen
- Die letzten Unkräuter entfernen, damit sie nicht überwintern
- Nicht frostharte Kräuter wie Süßkraut, Ananassalbei oder Zitronenverbene zur Überwinterung ins Haus holen
- Igelhäuser aufstellen oder Laub- und Reisighaufen anlegen
- Jauchebehälter leeren und die Reste zwischen den Beerensträuchern verteilen
- Für die Anbauplanung des nächsten Jahres die diesjährige Beetbelegung notieren

November

- Kletterpflanzen einkürzen, wenn sie sich zu weit ausgebreitet haben und Schäden an Fassaden, Dächern oder den Spalieren verursachen könnten
- Ab jetzt bis zum Februar überalterte Hecken „auf den Stock setzen“: auf 30–40 cm herunterschneiden
- Bei Pflanzungen von Bäumen und Hecken auf Grenzabstände achten
- Rosenbogen aufstellen und Kletterrosen daran pflanzen
- Ernterückstände oder Heckenschnitt zerkleinern und kompostieren oder auf den Beeten verteilen
- Die winterharten kleinen Kiwi können selbst bei Frösten hängenbleiben und noch bis Dezember frisch geerntet werden
- Zierquitten, Schlehen und Mispeln ernten
- Frisch gepflanzte Weinreben bis über die Veredelung anhäufeln und mit Tannenzweigen oder Laub abdecken
- Krankes Laub in die Biotonne entsorgen (z. B. mit Miniermotte befallenes Kastanienlaub); Fallobst und Fruchtmumien entfernen
- Nester mit Schneckeneiern freilegen
- Bei frisch gepflanzten Stauden und Gehölzen Bodenfeuchtigkeit kontrollieren; gegebenenfalls gießen
- Gewächshaus (Streben, Eindeckung, Pflanzenstäbe, Aussaatschalen) sorgfältig reinigen, vor allem wenn Krankheiten und Schädlinge auftraten
- Wegen der guten Übersicht ist jetzt Gelegenheit, eine Umgestaltung des Gartens zu planen

Dezember

- Am 4.12. Barbarazweige schneiden; sie blühen dann zu Weihnachten (Kirsche, Kornelkirsche, Apfel, Mandel, Pflaume)
- Ziersträucher, die erst im Spätsommer blühen, jetzt schneiden
- Reisig vom Winterschnitt im Garten belassen, da es vielen Nützlingen zur Überwinterung dient
- Bei mildem Wetter Edelreiser schneiden; in feuchten Sand einschlagen bis zum Veredelungstermin im Frühjahr
- Das Frühbeet mit Laub füllen und umranden, damit der Boden dort nicht gefriert und im Frühjahr zeitig ausgesät werden kann
- Den ganzen Winter über kann Topinambur frisch aus dem Boden geholt werden
- War der Herbst sehr trocken, Immergrüne und neu Gepflanztes vor Frostbeginn noch einmal gründlich wässern
- Große Schneelasten von Immergrünen entfernen
- Töpfe mit Zwiebelblumen geschützt unter Dach aufstellen; bei zu viel Nässe können sie faulen
- Bau- und Reparaturarbeiten
- Bei frostfreiem Wetter den Kompost umsetzen
- Stützpfähle und Spalierlatten kontrollieren und wo nötig auswechseln

Literaturempfehlungen

Marie-Luise Kreuter: Der Biogarten
BLV Buchverlag, 27. Aufl. 2016

1981 erschien die 1. Auflage dieses Buches, das immer noch als das Standardwerk des biologischen Gärtnerns gilt. Generationen von Hobbygärtnern stand „Der Biogarten“ (dieses Buch hat den Begriff tatsächlich erst geprägt) beim naturgemäßen Anbau von Obst, Gemüse und Blumen im eigenen Garten hilfreich zur Seite. Die Autorin gilt als Wegbereiterin des biologischen Gärtnerns in Deutschland. Sie hat sich bereits in den 1970er-Jahren mit diesem Thema beschäftigt – zu einer Zeit als ökologisches Denken und Handeln noch wenig populär war.

William B. Logan: Das große Buch der Gartengeräte
Könemann Verlag 1998, nur antiquarisch erhältlich

Aus zwei Gründen ist dieses Buch einzigartig zu nennen: aufgrund der Fülle der ausführlich vorgestellten Geräte sowie wegen der Begeisterung und Wertschätzung des Autors, die aus jeder Zeile spricht. Wer vom „stattlichen Gewicht einer Breithacke“ oder der „eleganten Balance eines gut gearbeiteten Spatens“ redet, weiß die Qualität von Werkzeug zu schätzen. Wenn er dazu noch so viel handfestes Wissen zu Geschichte, Material und Funktionalität vermittelt, ist das für den Leser Gold wert.

Suzanne Slesin, Guillaume Pellerin: Vom Zauber alter Gartengeräte
Dumont Verlag 1999, nur antiquarisch erhältlich

Für Flohmarktgänger wie Gärtner gleichermaßen ist dieses Buch interessant und inspirierend. Es setzt weniger die Funktion von Gartengeräten, -werkzeug und -zubehör in den Fokus, denn mehr ihre Ästhetik. Klare Botschaft: Allein schon deshalb lohnt sich das Suchen und Sammeln.

Brigitte Bartha-Pichler, Frits Brunner, Klaus Gersbach, Markus Zuber: Rosenapfel und Goldparmäne
AT Verlag, 3. Aufl. 2005

Es gibt deutlich mehr als 365 Apfelsorten – aber kaum jemand kennt heute noch mehr als 10 ... Praktisch für jeden Tag des Jahres wird in diesem Buch eine Sorte vorgestellt: einige, besonders für den Hausgarten geeignete, sehr ausführlich mit Informationen zu Botanik, Geschichte und Verwendung, andere in Listenform. Das Buch führt durch die Kulturgeschichte des Apfels; reich bebildert und umfassend betextet.

John Seymour: Das neue Buch vom Leben auf dem Lande
Dorling Kindersley Verlag 2010

Als „Das große Buch vom Leben auf dem Lande“ 1976 erstmalig erschien, hatte es großen Anteil daran, dass sich eine ganze Generation für ein „alternatives Landleben“ begeisterte. Auch diese Neuausgabe von 2010 wendet sich an alle diejenigen, die Interesse an Selbstversorgung haben und Wert auf eine nachhaltige Lebensweise legen.

Andrea Heistinger, Arche Noah, Pro Specie Rara: Handbuch Samengärtnerei
Löwenzahn Verlag, 6. Aufl. 2008

Erfahrene Gärtner wie auch Anfänger versetzt dieses Buch in die Lage, im privaten Bereich einem der großen Probleme unserer Zeit, der rasanten Verarmung der Sortenvielfalt, entgegenzuwirken. Wer nämlich in der Lage ist, von den verschiedensten Kulturpflanzen Saatgut zu gewinnen, kann dazu beitragen, alte und bewährte Sorten, an denen die großen Züchtungsmonopole kein Interesse haben, zu erhalten und zu vermehren. Neben sehr klaren, praxisbezogenen Anleitungen bietet das Buch auch das nötige Hintergrundwissen zu Botanik, Bestäubungsarten, dem Erhalt typischer Sortenmerkmale und vielem mehr.

Franz Böhmig: Rat für jeden Gartentag
Verlag Eugen Ulmer, 29. Aufl. 2015

Noch aus DDR-Zeiten ist dieses Werk bekannt – es zählte dort zu den Gartenbuchklassikern und oftmals war der Titel vergriffen. Dass es sich hier um ein echtes Standardwerk handelt, welches in keinem Gärtnerhaushalt fehlen sollte, zeigt schon, dass es inzwischen in der 29. Auflage erschienen ist. Anleitungen, Rat und Hinweise zu allen nur erdenklichen Gartenarbeiten sind enthalten – ergänzt um charmante Zeichnungen, die oft Anlass zum Schmunzeln geben.

Jürgen Dahl: Der neugierige Gärtner und Nachrichten aus dem Garten
Manuscriptum 2008

Zwei Klassiker aus der Feder des Garten-Philosophen Jürgen Dahl – ganz und gar ungewöhnlich, ausnehmend unterhaltsam und eine Offenbarung für jeden Gartenfreund. Entdeckerlust, Experimentierfreude, Nachdenklichkeit und das Hinterfragen vermeintlicher Regeln und alter Gewohnheiten zeichnen Jürgen Dahls Werk aus – und so schreibt er völlig unvoreingenommen und mit offenem Blick auch für die ganz kleinen Dinge im Garten.

Adalbert Griegel: Mein gesunder Ziergarten/Obstgarten/Gemüsegarten
Griegel-Verlag

Ein Bild sagt mehr als tausend Worte ... Dies hat sich der Autor dieser drei Bücher offenbar zu Herzen genommen und den Schwerpunkt nicht auf erklärende Texte, sondern sehr präzise Zeichnungen von Schädlingen, Schaderregern und Schadbildern gelegt. Diese machen eine Diagnose leicht – für die Bekämpfung hilfreich sind zudem die Ausführungen zum Lebenszyklus der Erreger und Schädlinge.

Christoph Mulitze: Übern Zaun geguckt
Klartext Verlag 2006

Die „Geschichten aus Schrebergärten" erzählen in wundervollen Bildern und Texten Skurriles und Alltägliches aus den Schrebergärten des Ruhrgebiets. Rekordzüchter, Experten, Künstler, Pioniere und Tüftler – charmant und liebenswert werden Gärtner und ihre Gärten von Duisburg bis Hamm porträtiert.

Interessante Links

Alles was das Gärtnerherz begehrt, bietet das Gartensortiment von Manufactum.
www.manufactum.de

Wer Stauden sucht, wird bei Gaißmayer fündig. Wer Qualität sucht, auch.
www.gaissmayer.de

Die älteste Rosenschule in Deutschland mit einem immens großen Sortiment. Eine Spezialität sind die historischen Rosen.
www.rosenhof-schultheis.de

Diese drei Adressen sind in Deutschland, Österreich und der Schweiz erste Ansprechpartner, wenn es um die Erhaltung der Nutzpflanzenvielfalt geht.
www.nutzpflanzenvielfalt.de
www.arche-noah.at
www.prospecierara.ch

Der Verein macht sich um den Erhalt der Obstsortenvielfalt, der Bewahrung von Streuobstwiesen und der Bestimmung unbekannter Obstsorten verdient.
www.pomologen-verein.de

Eine Online-Plattform für die Entdeckung und Nutzung essbarer Landschaften – und die Förderung der „essbaren Stadt". Wo wächst Obst, das niemand pflückt? Wo darf legal Gemüse geerntet werden?
www.mundraub.org

Der gleichnamige Verein ist Pionier der wesensgemäßen Bienenhaltung und des Bienenschutzes.
www.mellifera.de

Register

Bildquellen

Agnes studio/Shutterstock.com: Seite 6; Alexander Mazurkevich/Shutterstock.com: Seite 122; Alexandru Moruz/Shutterstock.com: Seite 117 o.; anetapics/Shutterstock.com: Seite 106; Annara/Shutterstock.com: Seite 39; Arkady_S/Shutterstock.com: Seite 125; Artem Kuklin/Shutterstock.com: Seite 17; Audyxl/Shutterstock.com: Seite 8; BeSilvestre/Shutterstock.com: Seite 192; Chiyacat/Shutterstock.com: Seite 193; Christian Horz/Shutterstock.com: Seite 200; Christian Jung/Shutterstock.com: Seite 70; ChWeiss/Shutterstock.com: Seite 21 o.; CLICKMANIS/Shutterstock.com: Seite 134; Denis Pogostin/Shutterstock.com: Seite 36 u. re.; Diana Taliun/Shutterstock.com: Seite 138; Discha-AS/Shutterstock.com: Seite 190; Drozdowsk/Shutterstock.com: Seite 88; Egoreichenkov Evgenii/Shutterstock.com: Seite 206; Elena Elisseeva/Shutterstock.com: Seite 56; Elena Masiutkina/Shutterstock.com: Seite 71; ER_09/Shutterstock.com: Seite 117 u.; Flora Press/BIOSPHOTO/Gilles Le Scanff & Joëlle-Caroline Mayer: Seite 67 o., 87 u. li.; Flora Press/BIOSPHOTO/Jean-Michel Groult: Seite 14, 15; Flora Press/BIOSPHOTO/Virginie Klecka: Seite 105 o.; Flora Press/BIOSPHOTO/Yann Avril: Seite 191; Flora Press/Buiten-Beeld/Jan Dolfing: Seite 53; Flora Press/Caroline Bureck: Seite 186 u., 187 re. o.; Flora Press/Christine Ann Föll: Seite 65, 179; Flora Press/Daniela Kunze: Seite 84; Flora Press/FLPA: Seite 31; Flora Press/gartenfoto.at: Seite 86 u. re., 86 u. li.; Flora Press/GWI: Seite 188; Flora Press/Helga Noack: Seite 178; Flora Press/Katharina Pasternak: Seite 87 o. re., 87 u. re.; Flora Press/Liz Eddison: Seite 201 o.; Flora Press/MAP: Seite 118; Flora Press/Martin Hughes-Jones: Seite 25; Flora Press/Melli Freudenberg: Seite 34, 36 o. li., 36 u. li., 132 Mi. , 132 o., 132 u., 133 Mi. , 133 o., 133 u.; Flora Press/Meyer-Rebentisch: Seite 38, 160; Flora Press/Otmar Diez: Seite 186 Mi., 186 o.; Flora Press/Pasquel et Mioulane: Seite 37 re.; Flora Press/Redeleit&Junker/S.Storjohann: Seite 187 re. u. ; Flora Press/Ute Klaphake: Seite 40; Flora Press/Visions: Seite 169; Fotografen Schissler & Fey; www.der-augenblick.com: Seite 64; Fotokon/Shutterstock.com: Seite 16; goodmoments/Shutterstock.com: Seite 99; Gorlov-KV/Shutterstock.com: Seite 100; haraldmuc/Shutterstock.com: Seite 158; Heberer, Katharina: Seite 2; Hirundo/Shutterstock.com: Seite 76; ihateliver/Shutterstock.com: Seite 29; iMarzi/Shutterstock.com: Seite 152; Iurochkin Alexandr/Shutterstock.com: Seite 54; Izabela Edmunds/Shutterstock.com: Seite 114; Jolanda Aalbers/Shutterstock.com: Seite 55 u.; Josef Hanus/Shutterstock.com: Seite 10; katarinag/Shutterstock.com: Seite 86 o. li.; Katarzyna Mazurowska/Shutterstock.com: Seite 129; Kuzmin Mikhail/Shutterstock.com: Seite 130; Kzenon/Shutterstock.com: Seite 94; Lorna Roberts/Shutterstock.com: Seite 26; LZ Image/Shutterstock.com: Seite 12; M. Cornelius/Shutterstock.com: Seite 42; Manufactum: Titelbild, U4, Seite 11, 18, 20, 22, 24, 28, 44, 48, 49, 52, 59, 60, 75, 78, 79, 82, 83, 89, 90, 91, 95, 98, 104, 107, 108, 109, 120, 121, 124, 128, 135, 137, 140, 141, 143, 144, 146, 148, 149, 150, 155, 156, 159, 164, 165, 168, 172, 174, 175, 182, 189, 194, 198, 199, 203, 205, 207, 209, 210, 105 u., 151 o., 151 u., 171 u.; marcociannarel/Shutterstock.com: Seite 46; Marga Werne/botanikfoto: Seite 45; Martin Novak/Shutterstock.com: Seite 66; mauritius images: Seite 37 li., 68, 166, 171 o., 184, 187 li. u., 204; MMCez/Shutterstock.com: Seite 181; Morinka/Shutterstock.com: Seite 110; mykhailo pavlenko/Shutterstock.com: Seite 50; Nature Bird Photography/Shutterstock.com: Seite 183; Nenilkime/Shutterstock.com: Jahreszeiten-Symbole; nnattalli/Shutterstock.com: Seite 112; olpo/Shutterstock.com: Seite 115; Onair/Shutterstock.com: Seite 142; PavelSkvortsov/Shutterstock.com: Seite 180; Photos box/Shutterstock.com: Seite 32; pixularium/Shutterstock.com: Seite 116; Radovan1/Shutterstock.com: Seite 61; Rootstock/Shutterstock.com: Seite 63; Rosa Jayy/Shutterstock.com: Seite 55 o.; rsooll/Shutterstock.com: Seite 162; Rudenko Alla/Shutterstock.com: Seite 103; Ruud Morijn Photographer/Shutterstock.com: Seite 62; sanddebeautheil/Shutterstock.com: Seite 72; Sebastian Knight/Shutterstock.com: Seite 21 u.; Sergey Gerashchenko/Shutterstock.com: Seite 33; SergeyPerm73/Shutterstock.com: Seite 102; Shebeko/Shutterstock.com: Seite 96; Sivolob Igor/Shutterstock.com: Seite 92; Skeronov/Shutterstock.com: Seite 196; Smit/Shutterstock.com: Seite 170; Steffen Hauser/botanikfoto: Seite 41, 80, 145, 176, 195; Stsvirkun/Shutterstock.com: Seite 136; theapflueger/Shutterstock.com: Seite 154; Tim UR/Shutterstock.com: Seite 201 u.; Turbojet/Shutterstock.com: Seite 58; V J Matthew/Shutterstock.com: Seite 19, 208; Vera Grebennikova/Shutterstock.com: Seite 202; xpixel/Shutterstock.com: Seite 67 u.; xuanhuongho/Shutterstock.com: Seite 126; Yunaval/Shutterstock.com: Seite 74; Zigzag Mountain Art/Shutterstock.com: Seite 30;

Die in diesem Buch enthaltenen Empfehlungen und Angaben sind von der Autorin/vom Autor mit größter Sorgfalt zusammengestellt und geprüft worden. Eine Garantie für die Richtigkeit der Angaben kann aber nicht gegeben werden. Autorin/Autor und Verlag übernehmen keine Haftung für Schäden und Unfälle. Bitte setzen Sie bei der Anwendung der in diesem Buch enthaltenen Empfehlungen Ihr persönliches Urteilsvermögen ein.
Der Verlag Eugen Ulmer ist nicht verantwortlich für die Inhalte der im Buch genannten Websites.

Bibliografische Information der Deutschen Nationalbibliothek
Die Deutsche Nationalbibliothek verzeichnet diese Publikation in der Deutschen Nationalbibliografie; detaillierte bibliografische Daten sind im Internet über http://dnb.d-nb.de abrufbar.

FSC www.fsc.org
MIX
Papier aus verantwortungsvollen Quellen
FSC® C004592

Wollgrasweg 41, 70599 Stuttgart (Hohenheim)
E-Mail: info@ulmer.de
Internet: www.ulmer-verlag.de
Lektorat: Marisa Makosch, Doris Kowalzik
Herstellung: Gabriele Wieczorek
Umschlag-Konzeption: Ruska, Martín, Associates GmbH, Berlin
Umschlagentwurf: Matscheko/Krafft, Reutlingen
Satz: Atelier Reichert, Stuttgart
Repro: timeRay Visualisierungen, Jettingen
Druck und Bindung: Firmengruppe APPL, aprinta Druck, Wemding
Printed in Germany

ISBN 978-3-8186-0007-5